Neue Hochzeitsreden

Simone Harland

NEUE HOCHZEITSREDEN

Mit kleiner Redner-Schule

FALKEN
Taschenbuch

Zum gleichen Thema ist im FALKEN Taschenbuch bereits erschienen:
Günter Kunz: „Reden zur Hochzeit" (60282)

Sie finden uns im Internet: **www.falken.de**

Dieses Buch wurde auf chlorfrei gebleichtem
und säurefreiem Papier gedruckt.

Der Text dieses Buches entspricht den Regeln der neuen deutschen
Rechtschreibung.

Originalausgabe
ISBN 3 635 60158 6

Umschlaggestaltung: Zembsch' Werkstatt, München
Gestaltung: Bettina Christ
Redaktion: Heike Czarnetzki, Erding/Susanne Janschitz
Redaktion dieser Auflage: Sabine Weeke
Herstellung: Bettina Christ
Satz: dm druckmedien gmbh, München
Druck: Freiburger Graphische Betriebe GmbH, Freiburg

817 2635 4453

Inhalt

Vorwort

„Das menschliche Gehirn ist eine großartige Sache. Es funktioniert bis zu dem Zeitpunkt, wo du aufstehst, um eine Rede zu halten.“ Dieses Bonmot des amerikanischen Schriftstellers Mark Twain fasst kurz und treffend zusammen, wie es vielen Menschen ergeht, wenn sie vor anderen sprechen sollen, vor allem wenn sie dies nur selten tun. Doch auch ungeübte Redner müssen zu manchen Anlässen eine Ansprache halten. Zu diesen Anlässen zählen alle Arten von Hochzeitsfeiern: die standesamtliche und die kirchliche Trauung sowie die grüne, die silberne und die goldene Hochzeit.

Reden gehören zu solch einem Fest einfach dazu. Mit der Ansprache zeigt man nicht nur den Gastgebern seine Wertschätzung, sie bietet ebenfalls die Möglichkeit, die oft zunächst etwas steife Atmosphäre aufzulockern. Auch die Gastgeber – in diesem Fall die Brautleute – kommen normalerweise nicht umhin, einige Worte an ihre Gäste zu richten. Aber ist das denn so schlimm? Das Halten einer Rede kann auch großen Spaß machen, vor allem wenn Sie feststellen, dass Sie Ihre Zuhörer begeistern und mitreißen.

Dieses Buch will Ihnen die Scheu vor Ihrem „großen Auftritt“ nehmen. Sie erfahren zunächst, wie Sie Ihre Rede vorbereiten und worauf Sie dabei und beim Vortrag selbst achten müssen. Einen großen Raum nehmen natürlich die sogenannten Musterreden ein. Dies sind bereits vorgefertigte Ansprachen für die verschiedensten Redner und Redesituationen. Der letzte Teil dieses Buches beinhaltet schließlich noch einige Zitate passend zum Anlass, die Sie in Ihre Rede einbauen können.

Bei allem denken Sie jedoch immer daran: Es wird von Ihnen niemand erwarten, dass Sie rhetorisch perfekt sind. Dennoch können Sie eine Rede halten, die Ihren Zuhörern positiv im Gedächtnis bleiben wird. Viel Spaß und viel Erfolg!

Kleine Redner-Schule

Zum Halten einer guten Rede gehört nicht in erster Linie Begabung, sondern Übung. Nicht umsonst bieten zum Beispiel Volkshochschulen und private Lehrinstitute immer wieder Rhetorikkurse an, in denen man die Kunst der Rede erlernen kann. Auch Sie können eine gelungene Ansprache halten, wenn Sie bestimmte Regeln beachten und vor allem eines tun: üben, üben, üben! Das folgende Kapitel verrät Ihnen Tipps und Tricks, wie Ihre Rede zum Erfolg wird. Wenn Sie diese beachten, haben Sie den ersten Schritt auf dem Weg zu einem guten Redner bereits getan.

Reden zu privaten Anlässen

Eine Ansprache bei einer Feier im Familien- und Freundeskreis unterscheidet sich – wie Sie sich vorstellen können – von Reden, die zu öffentlichen Anlässen gehalten werden. Eine Rede bei einer privaten Feier ist viel persönlicher, sie übermittelt viel stärker eigene Empfindungen und Stimmungen. Gefühle sind in solch einer Ansprache wichtiger als Argumente, persönliche Eindrücke angebrachter als sachliche Information.

Wenn Sie bei einer Hochzeitsfeier eine Rede halten, denken Sie bitte daran, dass Sie mit Ihrer Ansprache dazu beitragen, diesen Festtag für das Paar noch schöner zu machen. Zeigen Sie den Hauptpersonen der Feier, wie wichtig sie Ihnen sind. Behalten Sie zudem im Hinterkopf, dass Ihre Rede helfen soll die Hochzeitsfeier etwas aufzulockern – eine förmliche Ansprache ist daher in jedem Fall fehl am Platz, festlich kann sie allerdings ruhig sein. Selbstverständlich können Sie auch Anekdoten in Ihre Rede einbauen, achten Sie jedoch darauf, nie verletzend zu werden. Perfekt muss Ihre Rede nicht sein, das erwartet keiner. Verstellen Sie sich daher auch nicht. Vor allem im Familien- und Freundeskreis fällt es auf, wenn das Gesagte nicht zu Ihnen passt. Und noch etwas: Strapazieren Sie die Geduld Ihrer Zuhörer nicht zu sehr. Eine kurze Rede hat immer größeren Erfolg als eine langatmige, ermüdende Ansprache. Und vor allem wird das Essen dann auch nicht kalt ...

Die Materialsammlung: das A und O einer Rede

Manche Menschen warten mit der Ausarbeitung ihrer Ansprache bis kurz vor dem Redetermin, andere meinen eine kurze Rede einfach aus dem Ärmel schütteln zu können. Doch alle Reden – und vor allen Dingen kurze – bedürfen der gründlichen Vorbereitung, wenn sie gut sein sollen, es sei denn, man ist ein wahres Rhetoriktalent, doch das ist nun einmal die Ausnahme.

Sobald Sie wissen, dass Sie eine Rede halten werden, sollten Sie damit beginnen, sich Gedanken über das Thema und den Aufbau Ihrer Rede zu machen. Warum, fragen Sie sich jetzt vielleicht, ist es notwendig, dass Sie sich so viel Zeit nehmen? Ganz einfach: Sie müssen zunächst Material für Ihre Rede sammeln, es ordnen und sichten, etwas aus diesem Stoff auswählen, die Rede anschließend formulieren, ändern und kürzen, um sie dann auch noch einzuüben, denn schließlich wollen Sie sie nicht vom Blatt ablesen. Vor allem die Materialsammlung und die gedankliche Beschäftigung mit der Rede können einige Zeit in Anspruch nehmen. Sie haben ja mit Sicherheit die Absicht eine Ansprache zu halten, die sowohl Ihnen als auch den Zuhörern und darunter vor allem dem Hochzeitspaar gefällt. Außerdem soll sie möglichst individuell sein.

Zunächst müssen Sie sich darüber klar werden, worüber Sie reden möchten und worauf Sie hinaus wollen. Sie können sich sicher vorstellen, dass es zu einem solchen Anlass wie einer

Hochzeit zahlreiche verschiedene Möglichkeiten gibt, eine Rede zu gestalten. So können Sie zum Beispiel Ihre Rede rund um ein Zitat zur Liebe aufbauen, Sie können darüber sprechen, wie sich das Paar kennen gelernt hat, oder Sie geben einen Ausblick in die Ehezukunft. Notieren Sie sich alle Gedanken, die Ihnen in den Sinn kommen, auch wenn Sie Ihnen merkwürdig erscheinen mögen. Halten Sie in Zeitungen, Zeitschriften und Büchern Ausschau nach allem, was mit Hochzeit und Ehe zu tun hat – seien es Zitate, Artikel über Eheschließungen berühmter Zeitgenossen, Berichte über die Ehe im Wandel der Zeit und vieles andere mehr.

Sie können Ihre Rede selbstverständlich auch um eine sehr persönliche Erinnerung des Hochzeitspaares aufbauen, zum Beispiel können Sie sich auf das Lied beziehen, bei dem sich die jetzigen Eheleute zum ersten Mal geküsst haben. Solche Erinnerungen erfährt man natürlich am ehesten aus Gesprächen mit dem Brautpaar oder mit nahen Verwandten und Freunden – Sie müssen also richtig recherchieren. Vielleicht waren Sie sogar dabei, als sich die beiden kennen lernten, oder Sie verbinden mit dem Hochzeitspaar selbst eine Erinnerung, um die herum Sie eine Rede aufbauen können. In jedem Fall ist es immer gut, wenn Sie im Bekanntenkreis des Brautpaares nach weiteren Details fahnden.

Möglich ist es ebenfalls, die Geschichte der beiden Einzelpersonen bis zu dem Zeitpunkt zu schildern, als sie sich trafen. Auch hierfür bedarf es intensiver Recherche im Familien- und Bekanntenkreis. Vielleicht ist aber auch an dem Tag, als sich das Paar kennen lernte, etwas Aufsehenerregendes in der Welt passiert. Dies Geschehen könnte gleichfalls der Aufhänger Ihrer Rede sein – den Brückenschlag zum Hochzeitspaar müssen Sie dann jedoch auch noch finden. Sie können das Paar natürlich auch in die große Zahl berühmter Liebespaare aus Literatur, Film und Zeitgeschichte einreihen.

Dies sind nur einige der Möglichkeiten, die Sie haben. Aber Sie sehen, allein die Auswahl des Themas bedarf einige Zeit der

Überlegung. Noch einmal: Notieren Sie sich alle Gedanken, die Ihnen einfallen, dann können Sie den passendsten aussuchen. Doch leider ist es noch nicht damit getan, wenn Sie den Dreh- und Angelpunkt Ihrer Rede gefunden haben. Nun beginnt die eigentliche Stoffsammlung. Liegt Ihrer Ansprache eine persönliche Erinnerung zugrunde, notieren Sie alles, was Sie zu diesem Erlebnis im Kopf haben. Fragen Sie Familienmitglieder und Freunde, ob sie sich ebenfalls an das bestimmte Ereignis erinnern und wie sie es erlebt haben. Zur Auflockerung Ihrer Rede können Sie außerdem nach treffenden Zitaten suchen.

Wollen Sie über ein anderes Thema sprechen, zum Beispiel über die Ehe im Wandel der Jahre, suchen Sie am besten in der Stadtbibliothek nach einem passenden Buch. Wissen Sie nicht, wie Sie es finden sollen, fragen Sie den Bibliothekar, der Ihnen sicher gern weiterhilft. Sie können selbstverständlich auch zu diesem Thema Zitate ausfindig machen. Es gibt eine Reihe von Büchern mit Bonmots und Sprichwörtern zu fast jedem Stichwort. Natürlich können Sie auch eigene Gedanken zu dem von Ihnen gewählten Thema aufschreiben. Achten Sie bei Ihrer Stoffsammlung jedoch darauf, Ihre eigenen und die Gedanken anderer auseinander zu halten. Es kann sehr unangenehm werden, wenn Sie beispielsweise aus Versehen ein Goethe-Zitat als Ihr eigenes „verkaufen" und es jemand erkennt. Am sinnvollsten ist es, Sie markieren beim Aufschreiben das, was Sie aus anderen Quellen übernommen haben und schreiben jeweils hinzu, wer diesen Gedanken hatte.

Noch ein Wort zu den Zitaten: Wählen Sie sorgfältig aus, welche Bonmots Sie in Ihre Rede integrieren. Es gibt eine Reihe von Lebensweisheiten und Sprichwörtern, die mittlerweile so abgedroschen sind, dass sie eigentlich keiner mehr hören möchte. Nehmen Sie lieber ein Bonmot, das weniger bekannt ist oder in dem verwendeten Zusammenhang sogar überraschend erscheint. Auch sollte Ihre Rede nicht eine einzige Aneinanderreihung von Zitaten sein – man könnte sonst leicht meinen, Sie hätten keine eigenen Ideen.

Bevor Sie aus Ihren gesammelten Materialien den endgültigen Stoff für Ihre Ansprache auswählen, ist es natürlich sinnvoll zu wissen, wie lange Sie reden können. Wenn möglich, fragen Sie nach, für wann Ihre Rede geplant ist. Falls Sie jedoch mit Ihrer Ansprache überraschen wollen, überlegen Sie, wann der beste Zeitpunkt für Ihre Rede ist. Sprechen Sie, wenn es geht, mit anderen Rednern ab, ob und wann diese ihre Ansprache halten wollen. Im Zweifelsfall entscheiden Sie sich lieber dafür, kürzer zu sprechen – schließlich wissen Sie nicht, welche anderen Punkte noch auf dem Festprogramm stehen. Am besten beschränken Sie Ihre Redezeit auf höchstens zehn Minuten. Sie können es glauben: schon diese Zeit kann recht lang werden.

Was zeichnet den guten Redestil aus?

Ein großer Irrtum ist es, dass gute Schriftsprache gleichbedeutend mit einem guten Redestil ist. Bei einem Vortrag müssen Sie viel kürzere Sätze verwenden als in einem geschriebenen Text. Sie verstehen sicherlich auch, warum: Einem Satz mit vielen, womöglich noch verschachtelten Nebensätzen können die Zuhörer nur schlecht folgen. Hüten Sie sich auch davor, zu viele Gedanken in einen einzigen Satz zu packen. Vielleicht haben Sie das Gefühl, Ihre Rede sei schlecht, weil sie nicht gut zu lesen ist. Lassen Sie sie dennoch wie sie ist! Eine gute Rede wirkt auf dem Papier häufig nicht. Erst der Vortrag erweckt sie zum Leben!

Eine Ansprache, die von Fremdwörtern gespickt ist, wird schnell unverständlich. Suchen Sie für ein Fremdwort, das Ihnen in den Sinn kommt, möglichst ein deutsches Wort – Sie werden sehen, Ihr Vortrag wird viel besser angenommen! Manche Menschen neigen dazu, vorwiegend mit Hauptwörtern zu sprechen. Aber Sie müssen doch zugeben, dass – überspitzt formuliert – ein Satz wie „Meine Freude ist groß heute die Zurschaustellung privaten Glücks in Form einer Hochzeitsfeier erleben zu dürfen“ schlechter klingt als „Ich freue mich darüber, wie glücklich das Hochzeitspaar heute ist“. Falls möglich, verwenden Sie statt eines Hauptworts lieber ein Verb. Ihre Rede wird dadurch anschaulicher und lebendiger.

Drücken Sie das, was Sie sagen wollen, mit Ihren eigenen Worten aus. Eine noch so gut einstudierte Rede überzeugt nicht, wenn sie nicht zu Ihnen passt. Denken Sie daran: Während Sie sich bei einer Ansprache vor Unbekannten vielleicht verstellen können, kennen Ihre Zuhörer Sie im privaten Kreis und wissen, wie Sie normalerweise reden.

Lebendiger wird Ihr Vortrag zudem durch die direkte Ansprache der Zuhörer. Sie beziehen Ihr Publikum damit in die Rede ein, wodurch die Aufmerksamkeit Ihrer Zuhörer stärker auf die Ansprache gelenkt wird. Scheuen Sie sich auch nicht vor Wiederholungen. Während etwas Geschriebenes jederzeit nachgelesen werden kann, hilft bei einem Vortrag nur die Wiederholung, die wichtigsten Gedanken dem Publikum gezielt nahe zu bringen. Wiederholungen machen Ihre Rede nicht langweiliger, sie machen sie nur einprägsamer.

Setzen Sie Glanzpunkte: die Gliederung der Rede

Das wichtigste bei einem Vortrag ist – Sie denken es sich bestimmt bereits – der Einstieg. Ihre Rede soll Ihre Zuhörer vom ersten Augenblick an fesseln, so dass sie noch nicht einmal auf die Idee kommen ihr nicht lauschen zu wollen. Aber wie stellt man so etwas an? Zunächst einmal sollten Sie Anrede und Begrüßung möglichst kurz halten. Wenn Sie schon folgendermaßen beginnen: „Liebe Gerda, lieber Karl, liebe Eltern der Brautleute, sehr geehrte Verwandtschaft, liebe Freunde und Bekannte...“, hört ein Großteil Ihres Publikums vermutlich bereits nach den ersten Sätzen nicht mehr richtig zu. Suchen

Sie sich daher gezielt aus, an wen Sie die Rede richten wollen, zum Beispiel an das Brautpaar oder an das Brautpaar und seine Gäste. Natürlich gibt es auch Ausnahmen von dieser Regel – eine individuell gestaltete Anrede, die zudem vielleicht noch überraschend ist, darf auch einmal länger ausfallen.

Nun folgt die eigentliche Einleitung. Versuchen Sie bereits mit Ihren ersten Worten die Zuhörer in Ihren Bann zu ziehen. Dazu stehen Ihnen die unterschiedlichsten Möglichkeiten zur Verfügung. Sie können Ihre Zuhörer zum Beispiel direkt ansprechen („Liebe Sabine, lieber Georg, endlich ist es soweit: Der Tag, auf den ihr so lange gewartet habt, ist da."), Sie können aber auch eine Anekdote erzählen, die Bezug auf die Angesprochenen oder den Anlass nimmt. Möglich ist es natürlich ebenfalls, Ihre Rede mit einem Zitat zu beginnen oder direkt in das Thema Ihrer Ansprache einzusteigen. Wenn es passt, können Sie natürlich auch Ihre Gefühle zu diesem Anlass schildern; der Brautvater kann beispielsweise seinen gemischten Gefühlen Ausdruck verleihen. Beginnen Sie Ihre Rede jedoch nicht mit solch abgedroschenen Floskeln wie: „Ich freue mich Sie alle anlässlich der Hochzeit von Sabine und Georg begrüßen zu können." Erstens sind Sie nur dazu berechtigt, die Gäste zu begrüßen, wenn Sie der Gastgeber sind, zweitens ist dieser Einstieg in Ihren Vortrag viel zu uninteressant. Wie gesagt: Bei Ihrem Vortrag ist fast alles erlaubt, außer die Zuhörer zu langweilen oder zu beleidigen!

Doch nun zum Hauptteil: Dieser Abschnitt bildet das Kernstück Ihrer Rede, hier muss all das hinein, was Sie sagen wollen. Bei einer Festrede müssen Sie selbstverständlich nicht argumentieren; Sie müssen schließlich niemanden von etwas überzeugen. Sie können im Hauptteil beispielsweise Ihren Gefühlen Ausdruck verleihen, Sie können aber genauso gut über ein Ereignis berichten, das mit dem Brautpaar in Zusammenhang steht. Wenn Sie über die Ehe im allgemeinen sprechen möchten, sollten Sie allerdings immer auch den Bogen zum Brautpaar beziehungsweise zum Festtag schlagen. Denn die

Hochzeitsrede sollte immer etwas sehr Persönliches sein und die Verbundenheit mit den Hauptpersonen ausdrücken.

Spricht eine der Hauptpersonen selbst, sollte sie ebenfalls ihren Gefühlen Ausdruck verleihen. Die Braut oder der Bräutigam kann natürlich außerdem ihre oder seine Ansichten zur Ehe preisgeben oder ein wenig „aus dem Nähkästchen" plaudern, also etwas Privates preisgeben. Dies stärkt das Zusammengehörigkeitsgefühl mit den Zuhörern, die meist sowieso mit dem Brautpaar verwandt oder befreundet sind, zusätzlich. Eine Hochzeitsrede ist schließlich dazu da, eine möglichst angenehme Atmosphäre zu schaffen.

Dem Schluss einer Rede merkt man es leider oft an, dass viele Redner froh sind die Ansprache hinter sich gebracht zu haben. Dies sollte Ihnen nicht passieren. Außerdem sollten Sie einen für alle erkennbaren Schlußpunkt setzen, damit keiner Ihrer Zuhörer unschlüssig wartet, ob es noch weitergeht. Bereiten Sie daher das Ende Ihrer Rede genauso sorgfältig vor wie Anfang und Hauptteil. Bei einer Festrede ist es meistens üblich, einen kurzen Ausblick auf die Zukunft zu geben oder Wünsche für die Zukunft zu äußern. Auch dies kann man amüsanter gestalten, als es in vielen Reden der Fall ist. Beispielsweise ist es möglich, die Rede mit einem passenden Zitat zu beenden. Wenn Sie Ihre Rede mit einer Gratulation abschließen, sollten Sie darauf achten, dass sie Ihrem Redestil angemessen ist. Werden Sie nicht zu feierlich, wenn Sie eine eher heitere Ansprache gehalten haben, gleiten Sie nicht ins Heitere ab, wenn Ihre Rede eher gefühlsbetont und festlich war.

Oft endet eine Festrede auch mit einem Toast, auf den hin alle Anwesenden ihr Glas erheben, um auf die Hauptpersonen des Tages anzustoßen. Haben jedoch vor Ihnen bereits andere ihre Rede mit einem Trinkspruch beschlossen, können Sie das Ende Ihres Vortrags ein wenig variieren, damit er sich von den Ansprachen der anderen unterscheidet. Wenn Ihre Rede nun interessant und nicht allzu lang war, werden sich Ihre Zuhörer sicher gerne daran zurückerinnern.

Der Einsatz rhetorischer Mittel

Sie haben sicher bereits von den sogenannten rhetorischen Mitteln gehört. Denken Sie bitte nicht, diese seien nur etwas für professionelle Redner oder aber für Demagogen. Auch Sie können solche rednerischen Stilmittel in Ihren Vortrag einbauen und ihn damit um einiges interessanter gestalten. Selbstverständlich finden Sie hier nur eine kleinere Auswahl rhetorischer Mittel, die für Festreden geeignet sind.

Zu den wichtigsten rhetorischen Mitteln gehören Bilder, Beispiele und Vergleiche. Sie machen das, was Sie sagen wollen, anschaulicher und einprägsamer für den Zuhörer. Außerdem lockern sie den Redetext auf.

Bilder erläutern abstrakte und schwer verständliche Sachverhalte, können aber auch einfach zur Illustration eingesetzt werden – zum Beispiel so: „Wir wünschen euch, dass eurer Liebe niemals so die Luft ausgeht, wie diesem schon etwas betagteren Luftballon.“

Vergleiche werden gerne eingesetzt, wenn es um die Veranschaulichung von Zahlen geht. Sollten Sie auf die Idee kommen die jährliche Zahl der Eheschließungen in Ihrer Rede erwähnen zu wollen, bietet sich folgender oder ein ähnlicher Vergleich an: „Jedes Jahr wagen es in Deutschland etwa 450000 Paare, den Bund fürs Leben zu schließen. Man muß sich das einmal vorstellen: Dies sind 900000 Menschen – mehr als die Hälfte der Einwohner Hamburgs –, die den Weg zum Traualtar finden.“

Und was ist mit den **Beispielen**? Wenn Sie beispielsweise in Ihrer Rede darauf eingehen wollen, was man tun muss, damit eine Ehe gut beziehungsweise schlecht wird, geben Sie keine abstrakten Tipps, sondern denken Sie sich eine Geschichte aus: „Margret Missmutig machte ihrem Mann Rudi wieder einmal Vorwürfe, weil er den Hochzeitstag vergessen hatte. Gertrud Glücklich hingegen lud ihren Mann abends zum Essen ein und als er nach dem Anlass fragte, sagte sie, sie wolle mit ihm ihren gemeinsamen Hochzeitstag feiern. Wer führt wohl die glücklichere Ehe?“ Können Sie sich vorstellen, wie lebendig man eine Ansprache allein mit Bildern, Vergleichen und Beispielen gestalten kann? Sie müssen doch sicher zugeben, dass Sie solch einer Rede lieber lauschen würden als einem trockenen, wenig anschaulichen Vortrag.

Wenn sie etwas besonders betonen wollen, bietet sich das rhetorische Mittel der **Wiederholung** an. Sie können Worte in einem Satz wiederholen („Ich wünsche euch viel Glück – ach, was sage ich, ich wünsche euch alles Glück dieser Welt.“), Sie können aber auch Satzanfänge wiederholen. Es gibt natürlich ebenfalls die Möglichkeit bereits Gesagtes in andere Worte zu kleiden, so dass es sich den Zuhörern zwar besser einprägt, sie aber nicht langweilt.

Besonders eindringlich wirken Gegensätze, zumal wenn sie in einem Satz benutzt werden. Sie lassen die Zuhörer aufhorchen und gespannt darauf warten, was als nächstes kommen mag (Beispiel: „Leicht ist es eine Ehe zu schließen, schwer sie zu führen.“)

Von der Benutzung von **Zitaten** war bereits die Rede. Treffende Zitate und Bonmots würzen den Vortrag, doch sollten Sie darauf achten, Ihre Rede nicht mit Zitaten zu überladen. Erstens wirkt auch dies auf Dauer langweilig, zweitens könnte Ihr Publikum auf die Idee kommen, Sie hätten keine eigenen Einfälle.

Überraschen Sie die Zuhörer ruhig einmal. Wählen Sie zum Beispiel ein Zitat, das anscheinend überhaupt nicht zum Anlass passt und finden Sie dann einen geeigneten Übergang zu dem, was Sie sagen wollen. Passen Sie jedoch auf, dass „Ihre“ Überraschung nicht zu konstruiert wirkt und dass sie niemanden verletzt. Gehen Sie außerdem sparsam mit diesem Stilmittel um, denn wenn man es mehrfach gebraucht, erschöpft sich seine Wirkung rasch.

Sprechen Sie die Personen direkt an, zu denen Sie reden. Beziehen Sie sie in Ihre Rede mit ein. Sie erreichen stärkere

Aufmerksamkeit, wenn sich Ihr Publikum angesprochen fühlt.

Ein anderes wichtiges Stilmittel, wenn auch nicht direkt ein rhetorisches Mittel, ist der **Humor**. Auch wenn Ihre Rede eher feierlich ist, versuchen Sie Ihre Zuhörer zwischendurch zum Lachen oder wenigstens zum Schmunzeln zu bringen. Ihr Vortrag wird besser angenommen und bleibt länger in guter Erinnerung.

Bitte versuchen Sie jetzt nicht all diese rhetorischen Mittel in Ihre Rede einzubauen. Das ist nicht notwendig, denn schließlich soll Ihr Vortrag nicht überladen wirken. Außerdem sollte nicht ein Höhepunkt den anderen jagen – die Highlights werden sonst nicht mehr als solche erkannt. Die Kunst besteht darin, den Mittelweg zwischen Spannung und Entspannung zu finden.

Keine Angst vor dem Vortrag!

Wenn es doch nur bei der Ausarbeitung der Rede bliebe, werden bestimmt einige von Ihnen sagen, dann gäbe es keine Probleme. Das, was viele Menschen nervös macht, ist der eigentliche Vortrag. Schließlich sind die meisten von uns nicht gewöhnt eine Rede zu halten. Daher ist es auch so wichtig, vor dem eigentlichen Auftritt den Vortrag zu proben. Mit ein wenig Übung gewinnen Sie an Sicherheit und werden feststellen, dass es nur halb so schlimm ist, eine Ansprache zu halten. Außerdem: Ein wenig Lampenfieber gehört sogar bei Profis vor dem Auftritt dazu!

Einüben der Rede

Nachdem Sie Ihre Rede ausformuliert haben, halten Sie sie einige Male. Sie können sie zunächst vom Blatt ablesen, um ein Gefühl für die Worte zu bekommen und wie Sie sie betonen wollen. Da es sich jedoch nie gut macht, wenn man vor Publikum eine Rede abliest, sollten Sie sich nun darauf vorbereiten, den Vortrag frei zu halten. Sie bekommen bei der freien Rede viel mehr von den Reaktionen Ihres Publikums mit und können, wenn Sie wollen, sogar darauf eingehen. Wenn Sie möchten, nehmen Sie Ihr Manuskript ruhig mit zum Vortrag – achten Sie aber darauf, dass Sie sich leicht zurechtfinden. Unterstreichen Sie wichtige Textpassagen oder markern Sie sie mit Leuchtstift an.

Unterlagen

Wenn Sie auf ein vollständiges Manuskript verzichten möchten, machen Sie sich in jedem Fall eine Stichwortliste, an die Sie sich halten können, falls Sie so aufgeregt sein sollten, dass Sie sich an Teile Ihrer Rede nicht mehr erinnern können. Sie werden sie wahrscheinlich nicht benötigen, aber Sie haben zumindest einen „Notnagel" parat. Das Stichwortmanuskript sollte in großer Schrift verfasst sein, die wichtigsten Punkte Ihrer Rede stichwortartig beinhalten (auch Zitate, falls nötig) sowie leserlich und gut strukturiert sein, damit Sie sich rasch zurechtfinden. Diese Stichwortliste können Sie beim Vortrag ruhig vor sich ausbreiten – Sie müssen ja nur hinschauen, wenn Sie wirklich nicht mehr weiterwissen. Es ist nicht schlimm, wenn Ihr Vortrag sich ein wenig von Ihrer vorgefertigten Rede unterscheidet. Das macht ihn nur lebendiger.

Geschwindigkeit

Achten Sie darauf, dass Sie nicht zu schnell sprechen. Viele Redner „rasen" förmlich durch Ihre Rede und man merkt ihnen an, dass sie nur möglichst rasch fertig werden wollen. Schade um den lang vorbereiteten Vortrag! Machen Sie stattdessen zwischendurch kurze Pausen, so dass Sie auch richtig Luft holen können. Heben und senken Sie die Stimme, um die einzelnen Satzteile unterschiedlich zu betonen. Dies sollten Sie alles zuvor bereits üben. Wenn Sie zwischendurch einmal kurz ins Stocken geraten, machen Sie einfach eine kurze Pause und werfen einen Blick auf Ihr Manuskript oder Ihre Stichwortliste. Rasch werden Sie wieder im Redefluss sein.

Körpersprache

Hüten Sie sich vor übertriebener Gestik und Mimik! Sie sollten zwar auch nicht stocksteif dastehen, aber wenn Sie beginnen mit den Armen zu rudern, wirkt das leicht lächerlich und lenkt zudem vom Vortrag ab. Üben Sie Ihre Rede daher am besten vor einem Spiegel, um sich selbst überprüfen zu können. Unterstreichen Sie wichtige Punkte des Vortrags ruhig mit Handbewegungen. Sind Sie sehr temperamentvoll, können Sie auch ruhig ein wenig stärker gestikulieren – schließlich kennen die Anwesenden Sie und Ihr Naturell.

Zum Überbrücken des Lampenfiebers können Sie sich zum Beispiel selbst suggerieren, dass Sie keine Probleme mit der Rede haben werden. Wenn Sie die Rede beginnen, sehen Sie einfach ein oder zwei Zuhörer (das Brautpaar?) an und tun so, als ob Sie die Rede nur vor ihnen halten. Wenn Sie mit der Zeit sicherer werden, können Sie Ihren Blick ruhig schweifen lassen. Denken Sie immer daran, dass alle auf dem Fest Ihnen wohlgesonnen sind und Sie schließlich keine Rede vor einem negativ eingestellten Publikum halten müssen.

Organisation

Vor Ihrer Rede sollten Sie der Bedienung mitteilen, dass Sie beabsichtigen einen Vortrag zu halten. Dies ist sinnvoll, damit Sie und Ihr Publikum nicht dadurch abgelenkt werden, dass im Hintergrund gerade das Essen aufgetragen wird. Wenn Sie am Schluss Ihrer Rede auf das Hochzeitspaar anstoßen wollen, achten Sie darauf, dass alle etwas zu trinken haben. Apropos Trinken: Keinesfalls sollten Sie auf die Idee kommen, sich vor dem Vortrag Mut antrinken zu wollen. Dies beeinträchtigt sowohl Ihre Konzentration als auch Ihr gesamtes Auftreten. Besondere Kleidung benötigen Sie als Redner selbstverständlich nicht. Sie sollten nur darauf achten, dass Sie dem Anlass entsprechend angezogen sind. Bei einer Hochzeit bedeutet dies in der Regel festliche Kleidung. Sprechen Sie jedoch zuvor mit dem Brautpaar, in welchem Rahmen die Hochzeitsfeier stattfinden soll und fragen Sie nach, ob bestimmte Kleidung erwünscht ist.

Die Redebeispiele und ihre Verwendung

In den folgenden Kapiteln finden Sie eine Reihe von Musterreden für Hochzeitsfeiern und Hochzeitstage. Die Musterreden müssen nun natürlich nicht wortwörtlich übernommen werden. Sie sind vor allem dazu da, Anregungen für Ihre ganz persönliche Rede zu bieten. Sie können sich zum Beispiel die Teile einer Rede aussuchen, die Ihnen besonders gut gefallen und in Ihren eigenen Vortrag einbauen. Sie können selbstverständlich auch einzelne Abschnitte verschiedener Reden miteinander kombinieren.

Im Ausnahmefall wird eine Rede vielleicht so exakt auf Ihre Situation zutreffen, dass Sie sie fast genauso übernehmen möchten, wie Sie in diesem Buch abgedruckt ist. Natürlich können Sie dies ebenfalls tun. Doch in der Regel werden die Musterreden vor allem Ideen für Ihren eigenen Vortrag liefern.

Einen kurzen Überblick über die jeweilige Musterrede liefert der nebenstehende Kasten mit Informationen über den Anlass der Rede, die ungefähre Redezeit und den Redestil sowie die grobe Gliederung der Ansprache, die Sie in der Marginalspalte finden. So müssen Sie nicht gleich die gesamte Musterrede lesen, um einen Eindruck von ihrer Form zu bekommen, und können schnell entscheiden, ob diese Ansprache etwas für Sie sein könnte.

Reden für die große Hochzeitsfeier

Ansprache des Brautvaters (1)

Anlass der Rede	*Heirat der Tochter*
Redezeit	*Knapp zehn Minuten*
Redestil	*Feierlich, beratend*

Liebe Katrin, lieber Jörg, liebe Freunde,

ehrlich gesagt, ich habe schon lange nicht mehr daran geglaubt, dass ihr beiden, Katrin und Jörg, wirklich noch einmal den Weg zum Standesamt finden werdet. Schließlich lebt ihr nun schon einige Jahre ohne Trauschein zusammen. Wir hatten uns daran gewöhnt und die Hoffnung auf eine Hochzeit fast schon aufgegeben. Um so mehr freue ich mich, dass ihr es heute doch noch geschafft habt, euch das Jawort zu geben.

Ausdruck der Freude über die Heirat

Ich weiß, Katrin, es hat sich einiges geändert, seitdem deine Mutter und ich damals geheiratet haben. In der heutigen Zeit heiratet man nicht mehr so schnell, sondern probiert erst einmal aus, ob man es auch wirklich zusammen aushalten kann. Aus diesem Grund bräuchte ich euch eigentlich für das Zusammenleben kaum noch Tipps zu geben, aber ich kann mich einfach nicht zurückhalten – du kennst mich ja, Katrin. Außerdem ist es doch noch ein Unterschied, ob man einfach so zusammen wohnt oder verheiratet ist. Schließlich seid ihr mit der Unterzeichnung der Eheurkunde eine weitergehende Verpflichtung eingegangen.

Tipps für eine glückliche Ehe

Ganz wichtig ist, dass ihr einander respektiert, auch wenn nicht alles immer so glatt läuft, wie ihr es euch vielleicht vorstellt. Unter Respekt verstehe ich, dass der eine den anderen annimmt, wie er ist. Es gibt nämlich durchaus Zeiten, in denen man schnell den Respekt voreinander verlieren kann, beispielsweise wenn der eine seine Arbeit verliert und nicht so schnell wieder eine neue Stelle findet. Solche einschneidenden Situationen können nur gemeinsam gemeistert werden. Vorwürfe sind da fehl am Platz.

Ein weiterer Grundstein einer guten Ehe ist der Humor. Achtet darauf, viel miteinander und nur selten übereinander zu lachen. Dass man den anderen wegen irgendeiner Tolpatschigkeit manchmal auslacht, bleibt zwar nicht aus, sollte aber nicht zur Regel werden. Der deutsche Schriftsteller Thomas Niederreuther sagte einmal: „Ein heiteres Ehepaar ist das Beste, was sich in der Liebe erreichen läßt.“ Damit hat er meiner Meinung nach Recht, denn – ihr wisst es bestimmt – wenn man miteinander lacht, nachdem man sich über etwas oder sogar übereinander geärgert hat, verfliegt der Groll am ehesten. Als du klein warst, Katrin, kam ich manchmal erschöpft und zum Teil sogar wütend von der Arbeit nach Hause. Deine Mutter erzählte mir statt von ihrem eigenen schweren Tag die neuesten lustigen Erlebnisse mit dir, brachte mich zum Lachen und der Ärger war vergessen.

Auch Toleranz dem anderen, seinen Eigenarten und seinen Hobbys gegenüber gehört zu den Eigenschaften, die man sich in einer Ehe unbedingt bewahren sollte. Ich weiß noch, Katrin, wie sehr du dich anfangs darüber aufgeregt hast, dass Jörg an fast jedem Sonntagmorgen zum Fußballspielen musste. So gern hättest du manchmal ausgiebig mit ihm gefrühstückt oder etwas mit ihm unternommen. Zunächst habt ihr euch deshalb mehrfach gestritten. Doch irgendwann hast du, Katrin, eingesehen, dass der Fußball für Jörg zwar nicht wichtiger ist als du es bist, dass er aber eine große Rolle für seine innere Ausgeglichenheit spielt. Nach einer anstrengenden Arbeitswoche gehört es für ihn dazu, auf dem Spielfeld abschalten zu können. Du hast deine erste Lektion in Toleranz gelernt. Auch Jörg versteht es mittlerweile, dass du einen Abend in der Woche allein mit deinen Freundinnen verbringen willst. Ihr lasst einander Freiheiten und habt gemerkt, dass ihr euch dadurch nicht entfremdet, sondern dass eure Partnerschaft bereichert wird.

Jetzt fragt ihr euch bestimmt, wo in meiner Aufzählung die Liebe bleibt. Na, die werde ich wohl kaum vergessen. Aber so, wie ihr beiden euch anstrahlt, brauche ich dazu nicht besonders viel zu sagen. Man sieht auf den ersten Blick, dass ihr ein glückliches Paar seid. Und das, obwohl ihr eure Probezeit bereits hinter euch habt.

Toast auf das Brautpaar

Liebe Gäste, ich schlage vor, dass wir nun alle auf das Glück von Katrin und Jörg anstoßen. Lasst uns darauf trinken, dass sie sich Respekt, Humor, Toleranz und vor allem die Liebe in ihrer Ehe stets bewahren. Zum Wohl!

Ansprache des Brautvaters (2)

Anlass der Rede	*Heirat der Tochter*
Redezeit	*Fünf Minuten*
Redestil	*Heiter*

Liebe Sonja, lieber Frank, liebe Gäste,

Ungewöhnliche Frage mit unerwarteter Antwort

wie kommen alle Menschen eigentlich dazu, von einer Hochzeit nur als von einem Freudenfest zu reden? Hätten sie mal die Väter der Bräute gefragt, ob die das genauso empfinden. Ich wette, mindestens 50 Prozent hätten verneint. Schließlich verliert ein Vater seine Tochter an diesem Tag an einen anderen Mann. Das können doch nur Väter gut heißen, die ein wahres

Biest zur Tochter haben. Wenn man hingegen so eine Tochter wie Sonja hat, muß es einem als Vater schwer fallen, wenn sie heiratet.

Ich höre bereits die Einwände meiner Frau: Sonja wohnt doch schon seit einiger Zeit nicht mehr zu Hause und erst jetzt meinst du sie zu verlieren? Mir scheint, sie hat Recht und ich lebe wirklich etwas hinter dem Mond. Außerdem habe ich noch einmal Glück gehabt: Sonja hat schließlich nicht irgendjemanden geheiratet, sondern Frank, den sie bereits seit anderthalb Jahren kennt und liebt und den auch wir sehr schätzen. Daher Spaß beiseite: Wir verlieren keine Tochter, sondern gewinnen mit Frank ein neues Familienmitglied hinzu.

Beschreibung des Lebens des jungen Paares

Wenn ich euch so ansehe, bin ich mir sicher, dass ihr die richtige Wahl getroffen habt. Sonja habe ich lange nicht so glücklich gesehen und Frank hat nur Augen für Sonja. Auch wenn dies heute ein ganz besonderer Tag für euch ist, der euch noch mehr strahlen lässt als sonst, weiß ich, dass ihr auch im Alltag zueinander haltet und euch gut versteht. Zum Glück ist es heute ja nicht mehr so, dass man zuerst heiratet, dann erst zusammenzieht und kurze Zeit später feststellt, dass man nur schwer zusammen leben kann. Ihr habt – genau wie die meisten anderen Paare – bereits eine gemeinsame Wohnung und wisst, wie ihr einander zu nehmen habt. Aber bitte vergesst über eurer Zweisamkeit eure armen, alten Eltern nicht! Ihr seid auch

Hoffnung, am Leben des Paares teilhaben zu dürfen

bei uns jederzeit herzlich willkommen und werdet mit offenen Armen empfangen – nicht nur bei Familienfesten. Wenn wir schon mit Frank ein weiteres Familienmitglied haben, möchten wir davon natürlich auch ein wenig profitieren. Also, Sonja: Enthalte ihn uns nicht vor, sondern besucht uns so häufig wie möglich.

Wünsche für die Zukunft

Für den neuen Lebensabschnitt der Ehe wünschen wir euch, liebe Sonja, lieber Frank, weiterhin so leuchtende Augen und glückliche Gesichter wie am heutigen Tag. Denkt auch daran, dass ihr euch immer auf uns verlassen könnt, komme was wolle. Denn schließlich muss ich mir doch noch ein Hintertürchen offenlassen, um weiterhin zumindest der „zweite“ Mann im Leben meiner Tochter zu bleiben – jedenfalls solange noch kein Sohn da ist, der mir diesen Rang streitig machen kann.

Rede der Brautmutter

Anlass der Rede	*Heirat der Tochter*
Redezeit	*Etwa zehn Minuten*
Redestil	*Besinnlich*

Liebe Silke, lieber Martin,

Zitat als Redeaufhänger

wie sagte der berühmte französische Schriftsteller Albert Camus so passend: „Einen Menschen zu lieben heißt einzuwilligen mit ihm alt zu werden.“ Genau das habt ihr beide heute getan; ihr habt mit eurer Heirat beschlossen, euer weiteres Leben aus Liebe miteinander zu verbringen. Wir wünschen euch deshalb, dass euch die Liebe bei allem, was ihr tut, nie abhanden kommt.

Ratschläge, bezogen auf das Zitat

Dazu ist es notwendig, täglich an einer Partnerschaft zu arbeiten. Ihr solltet euch nicht darauf verlassen, dass die Liebe immer konstant bleibt. Nein, sie verändert sich im Laufe der Zeit. Ist man am Anfang noch stürmisch verliebt, glätten sich bald die ersten Wogen der Leidenschaft. Nun kommt die Phase, in der man die Macken des anderen erstmals bewusst wahrnimmt.

Viele Menschen verfallen nun auf die Idee den anderen nach dem eigenen Wunschbild formen zu wollen. Glaubt mir: Das ist das Falscheste, was man tun kann. Entweder sträubt sich derjenige, der verändert werden soll, mit Händen und Füßen dagegen, oder er versucht tatsächlich sich den Wünschen des anderen anzupassen. Beides bringt große Probleme mit sich. Will der eine bleiben, wie er ist, kann dies zu heftigen Streitereien zwischen den Partnern führen. Dabei bleiben immer Wunden zurück, die die Liebe beeinträchtigen können. Passt sich einer dem anderen an, bleiben die Kämpfe untereinander zunächst aus. Nun kann es allerdings passieren, dass derjenige, der sein Ziel erreicht hat, nicht zufrieden mit dem Ergebnis ist. Möglicherweise gefällt ihm die Veränderung des anderen doch nicht; schließlich ist der andere nicht mehr der Mensch, in den man sich einmal verliebt hat. Ihr seht schon, das Herumdoktern an den Eigenarten des anderen wirft nur Probleme über Probleme auf.

Warnung, sich nicht zu sehr aneinander zu gewöhnen

Wenn ihr diesen Abschnitt des Zusammenlebens gemeistert habt, warten andere Schwierigkeiten auf euch. Jetzt kommt nämlich die Zeit, die ich als Gewöhnungsphase bezeichne. Ihr kennt einander nun genau, es gibt nicht viel Neues mehr zu entdecken. Ihr habt euch aneinander gewöhnt und das Zusammenleben wird nur zu bald gewöhnlich. „Halt!“, kann ich da nur laut ausrufen, „Vorsicht, passt auf!“ Wenn ihr euch zu sehr an alles gewöhnt habt, wird euch rasch langweilig. Darunter leidet meistens die Liebe; der Partner wirkt bald uninteressant. Schon befindet ihr euch auf der Suche nach neuen Herausforderungen. In solch einer Situation trifft man häufig auf einen anderen Menschen, der um vieles interessanter zu sein scheint als der gewohnte Partner. Was dann passiert, brauche ich euch wohl nicht weiter zu schildern.

Daher gebt gut Acht, dass ihr immer wieder aus dem gewohnten und letztlich bequemen Trott ausbrecht und euren Partner überrascht. Nur so gelingt es euch, die Liebe wirklich über Jahre hinweg aufrechtzuerhalten. Legt Wert darauf, immer wieder aufs Neue gemeinsam schöne Dinge zu erleben und nehmt die Anwesenheit des anderen nicht als selbstverständlich hin. Betrachtet sie stattdessen jeden Tag als Geschenk. Dann – ich bin mir sicher – schafft ihr es bestimmt, gemeinsam in Liebe alt zu werden.

Das waren jetzt genug gute Ratschläge, meint ihr nicht auch? Darum lasst uns nun endlich beginnen eure Heirat richtig zu feiern! Dieser Tag soll euch schließlich immer als ein besonders schöner im Gedächtnis bleiben. Erhebt daher alle mit mir das Glas, um auf Silke und Martin anzustoßen und ihr Glück mit unseren Wünschen zu besiegeln. Auf dass ihr, Silke und Martin, euch auch weiterhin so gut versteht wie heute!

Auflockernde Worte und Aufruf zum Feiern

Der Vater des Bräutigams spricht

Anlass der Rede	*Heirat des Sohnes*
Redezeit	*Sieben bis zehn Minuten*
Redestil	*Unkonventionell, heiter*

Liebes Brautpaar, liebe Gäste,

in Deutschland entschließen sich jährlich rund 900 000 Menschen zu heiraten. Man muss sich das einmal bildlich vorstellen: das ist in etwa die dreifache Einwohnerzahl Islands. Und da sprechen die Politiker von Ehemüdigkeit und die Soziologen vom Ende der Familie. Da kann doch was nicht stimmen!

Ehestatistik, bildhaft aufbereitet

Schön, dass auch ihr beide heute die Politiker und Soziologen widerlegt. Aber das habt ihr ja schon seit eurer Geburt getan. Schließlich seid ihr zu einer Zeit geboren worden, als davon die Rede war, es kämen aufgrund des Pillenknicks kaum noch Kinder zur Welt. Einige Zeit später hieß es, die jungen Leute seien nicht mehr rebellisch. Als du, mein lieber Sohn, im zarten Alter von zehn Jahren dagegen rebelliertest, dass wir deine Kleidung aussuchen, konnte ich dies Statement leider nicht unterschreiben. Einige Jahre darauf sprach man davon, die Jugend von heute besäße keine Allgemeinbildung mehr.

Rückblick auf die Kindheit des Sohnes

Kurze Zeit später bat mich mein Sohn neben der Heimatzeitung noch ein überregionales Blatt zu abonnieren, damit wir alle mehr davon mitbekämen, was so in der Welt geschieht.

Aus diesem Grund glaube ich prinzipiell nichts mehr von dem, was Meinungsforscher und Politiker so über die Jugend von sich geben. Doch kurz nachdem ihr mir mitgeteilt habt, dass ihr heiraten wollt, las ich erneut eine Untersuchung – ich kann es einfach nicht lassen. Diesmal hoffe ich allerdings stark, dass ihre Ergebnisse zutreffen. Schließlich lagen die Meinungsforscher bei euch so oft falsch, dass sie vielleicht zufällig auch einmal Recht haben könnten. Ein blindes Huhn findet schließlich auch mal ein Korn. Um was es in dieser Umfrage ging? Es ging um die Einstellung der jungen Menschen zu Treue und Partnerschaft. Die Ergebnisse waren erstaunlich: Die Zeiten sind vorbei, in denen es wichtig war, möglichst viele Erfahrungen zu machen. Treue, Liebe und Vertrauen sind keine Worthülsen mehr, sondern bedeuten den jungen Leuten wieder etwas. Sogar die jungen Männer legen Wert auf Romantik und Gefühle.

Wenn ich euch beiden so ansehe, meine ich, dass diese eine Untersuchung endlich einmal ins Schwarze trifft. Ihr habt euch das mit dem Heiraten – das habt ihr uns zumindest gesagt – ganz genau überlegt. Und das glaube ich euch. Du, mein Sohn, hattest schon immer gute Gründe für deine Entscheidungen. Selbst als du mit deinen zehn Jahren sagtest, du wollest von nun an deine Kleidung selbst aussuchen, hattest du ein gutes Argument dafür. Du meintest, dass deine Mutter und ich nicht wüssten, was unter euch „jungen Leuten" modern sei. Und du wolltest schließlich kein Außenseiter zu sein. Diesen Grund mussten deine Mutter und ich akzeptieren. Und genauso glauben wir, dass ihr einen guten Grund zum Heiraten habt.

Hoffnung auf ein Enkelkind

Doch was die Meinungsforscher und Politiker anbetrifft, so wäre es mir eigentlich lieber, wenn ihr die neueste Untersuchung erneut widerlegt: Sie besagt, dass die Zahl der Geburten in Deutschland zurückgeht, weil die jungen Leute ihr Geld lieber für sich selbst als für Kinder ausgeben. Auf Euch!

Die Mutter des Bräutigams spricht

Anlass der Rede	*Heirat des Sohnes*
Redezeit	*Sieben bis zehn Minuten*
Redestil	*Heiter, nachdenklich*

Liebe Kinder, liebe Freunde,

Direkter Einstieg in das Thema Ehe

über die Ehe haben schon viele intelligente Menschen etwas gesagt. Unter den Sprüchen und Bonmots dieser berühmten Leute findet sich sowohl Böses als auch Gutes. Was haltet ihr davon, wenn wir einige dieser Zitate mal etwas näher unter die Lupe nehmen? Schließlich haben wir heute einen Anlass dazu und in einigen der Sprüche steckt ja auch viel Wahres!

Einschätzung des Brautpaares anhand verschiedener Zitate

Der Altmeister unter den Regisseuren Alfred Hitchcock sagte einmal: „Richtig verheiratet ist der Mann, der jedes Wort versteht, das seine Frau nicht gesagt hat.“ Diesen Satz, mein lieber Philipp, könntest du dir gleich einmal merken, dann gibt es von vornherein weniger Verständigungsprobleme zwischen dir und deiner frisch angetrauten Frau Petra. Dein Vater hat sich, auch wenn er es vielleicht selbst nicht weiß oder wahrhaben will, oft an diesen Spruch gehalten – ich habe nichts gesagt und er hat mir beispielsweise das Haushaltsgeld hingelegt oder mich nach meinen Problemen gefragt. Auch wenn ihr zwei euer eigenes Geld verdient, gibt es bestimmt andere Gelegenheiten, bei denen sich das Bonmot Hitchcocks bewahrheitet, zum Beispiel beim Aufräumen. Denk an diesen Satz und du brauchst nur Petras Blick zu sehen, um zu verstehen, dass sie deine Unterstützung bei der Hausarbeit haben möchte.

Doch nun zu einem anderen wichtigen Thema. Der deutsche Philosoph Friedrich Nietzsche prägte den meiner Meinung nach sehr wahren Satz: „Nicht der Mangel an Liebe, sondern der Mangel an Freundschaft macht die unglücklichen Ehen.“ Er meint – so habe ich es zumindest verstanden –, dass eine Ehe nicht nur auf Liebe, sondern zu einem großen Teil auch auf Freundschaft beruhen muss, damit sie gelingen kann. Da mache ich mir bei euch allerdings wenig Sorgen, denn als ich dich, Philipp, fragte, ob du deinen besten Freund auch zu deiner Hochzeitsfeier eingeladen hast, sagtest du verschmitzt: „Aber natürlich, den heirate ich doch!“ Ich denke, Petra, das ist das größte Kompliment, das dir Philipp machen kann, und ich vermute, du denkst genauso. Dass die Liebe bei eurer Entscheidung für die Ehe ebenfalls eine große Rolle gespielt hat, merken sicherlich alle hier Anwesenden. Daher glaube ich, dass wir keine Angst haben müssen, dass ihr mit eurem Entschluss zu heiraten unglücklich werdet – ganz im Gegenteil.

Als letztes möchte ich noch den französischen Schriftsteller Antoine de Saint-Exupéry zitieren: „Liebe besteht nicht darin, in den anderen hineinzustarren, sondern darin, gemeinsam nach vorn zu blicken.“ Denkt einmal einen kurzen Augenblick über diesen schönen Satz nach. Na, was meint ihr dazu? Ich habe ihn so verstanden, dass man sich in einer Liebesbeziehung nicht nur aufeinander fixieren sollte. Dies würde Stillstand und Abkapselung von der Wirklichkeit bedeuten. Stattdessen sollte man sich gemeinsam auch auf andere Dinge und natürlich auf andere Menschen konzentrieren, um sich zusammen weiterzuentwickeln. Bei euch beiden habe ich keinerlei Befürchtungen, dass ihr es schaffen werdet, neben eurer Partnerschaft weitere Dinge gemeinsam anzugehen. Schließlich habt ihr – wie man heute unschwer sehen kann – einen großen Freundeskreis und viele ähnliche Interessen. Es wird euch gelingen auch weiterhin „gemeinsam nach vorn zu blicken“, wie Saint-Exupéry es ausdrückte.

Wünsche für die Zukunft

Genug der Sprüche kluger Leute. Ich als deine Mutter, Philipp, und seit heute als deine Schwiegermutter, Petra, kann euch nur noch eines mit auf den weiteren Weg geben: Bleibt wie ihr seid und möglichst immer so glücklich wie heute!

Rede eines Trauzeugen

Anlass der Rede	*Glückwünsche des Trauzeugen*
Redezeit	*Fünf bis sieben Minuten*
Redestil	*Heiter, informativ*

Liebe Julia, lieber Markus,

Kurzer Rückblick auf das Geschehen im Standesamt

ich stand vorhin ganz nah bei euch, als ihr auf dem Standesamt eure Heiratsurkunde unterzeichnen musstet. So sah ich auch als erster, wie du, Markus, zum ersten Mal mit deinem neuen Nachnamen unterschrieben hast. Du hattest mir zwar gesagt, dass du vorher schon ein wenig geübt hast, aber dass dir die Unterschrift so locker von der Hand geht, hätte ich nicht gedacht. Das war fast so, als hättest du nie mit einem anderen Namen unterschrieben. Mir schien, dass Julias Unterschrift zittriger war als deine, und auch ich war so aufgeregt, dass mir mein Name fast nicht eingefallen wäre.

Das Ehepaar und die Wahl des Namens

Das mit den Namen ist ja so eine Sache: Noch immer ist es ungewöhnlich, wenn ein Mann den Nachnamen seiner Frau annimmt. Doch ich finde es wirklich gut, dass Markus keine Scheu hatte seinen Namen zu ändern. Dies zeugt von wahrer Eman(n)zipation, geschrieben mit Doppel-N. Verständlich auch, dass Julia unbedingt ihren Namen behalten wollte. Schließlich ist sie in ihrer Familie das einzige Kind und der Name wäre ausgestorben, wenn sie ihn bei ihrer Heirat aufgegeben hätte.

Vielleicht werden einige von Ihnen nun einwenden, dass beide auch ihren eigenen Namen hätten behalten können. Doch genau das wollten sie nicht, da ihre Kinder einmal genauso heißen sollen wie beide Elternteile. Und auf einen Doppelnamen haben sie verzichtet, weil der bei der Länge beider Nachnamen kaum mehr Platz auf einer Scheckkarte, geschweige denn auf der Heiratsurkunde gefunden hätte. Doch Spaß beiseite – Julia und Markus mussten sich ja in jedem Fall für einen Familiennamen entscheiden, für den Fall, dass sich Nachwuchs ankündigt. Um Verwirrungen zu vermeiden, haben sie sich für einen gemeinsamen Namen entschieden.

Danksagung an das Paar

Apropos Verwirrung: Sind Sie jetzt alle verwirrt genug von dem ganzen Namenswirrwarr? Dann werde ich meine Rede jetzt wohl besser beenden, jedoch nicht ohne mich vorher noch einmal bei euch, Julia und Markus, für das große Vertrauen zu bedanken, das ihr in mich gesetzt habt, als ihr mich als Trauzeugen ausgewählt habt. Ich bin froh, dass ich mit meinem Namen eure beziehungsweise eigentlich ja nur Markus´ Namensänderung bezeugen durfte. Ich wünsche euch, dass es euch gelingt, all eure Träume zu verwirklichen – natürlich unter eurem gemeinsamen Namen!

Rede des Großvaters der Braut

Anlass der Rede	*Hochzeit der Enkelin*
Redezeit	*Etwa sieben Minuten*
Redestil	*Berichtend*

Liebe Silvie, lieber Wolfgang, liebe Bekannte und Unbekannte,

Einordnung des Hochzeitspaares in eine Reihe berühmter Liebespaare

Romeo und Julia, Scarlett O´Hara und Rhett Butler, die Studentin Jenny und der reiche Harvard-Absolvent Oliver aus dem Film „Love Story“: fast jeder kennt die Namen dieser berühmten Liebespaare aus Literatur und Film. Leider enden ihre Liebesgeschichten allesamt tragisch. Was bin ich froh, dass sich Silvie und Wolfgang nicht in die Reihe dieser Liebespaare einreihen, sondern dass ihre Liebesgeschichte mit dem heutigen

Tag einen weiteren Höhepunkt erreicht und alles auf eine glückliche Zukunft hindeutet!

Die Liebesgeschichte des Hochzeitspaares

Für alle, die mich noch nicht kennen: Ich bin Silvies Großvater und habe die Liebesgeschichte von Silvie und Wolfgang schon seit langem mitverfolgt. Fast könnte man daraus ebenfalls ein Buch machen. Die beiden kennen sich ja praktisch schon aus der Zeit, als sie noch im Sandkasten spielten – allerdings hatte Wolfgang mit Silvie damals noch nicht viel am Hut. Schließlich ist er immerhin zwei Jahre älter als sie, und das ist – wie Sie sicher wissen – ein riesengroßer Altersunterschied, wenn man ein Kind ist. Wolfgang gehörte also bereits zu den Großen, Silvie eher noch zur Krabbelgruppe. Doch die ersten Kontakte zwischen beiden wurden damals schon geknüpft. Dann war erst einmal lange Zeit Funkstille.

Richtig begann die Geschichte der beiden, als Silvie 15 Jahre alt war. Zu diesem Zeitpunkt besuchte sie dauernd irgendwelche Partys und schwärmte mal von diesem, mal von jenem Jungen. Auch Wolfgangs Name fiel manchmal beiläufig, doch Silvie zeigte kein größeres Interesse an ihm; er war einfach nur häufiger dabei. Dafür war Wolfgangs Interesse an Silvie mächtig gewachsen. Er versuchte möglichst viel Zeit in Silvies Nähe zu verbringen. Nach und nach wurde er Silvies bester Freund und ging in ihrem Elternhaus regelmäßig ein und aus. Auch wenn Wolfgang sehr oft mit ihr zusammen war, mehr als Silvies Freundschaft erlangte er zu diesem Zeitpunkt jedoch noch nicht. Andere junge Männer spielten wichtigere Rollen in ihrem Leben. Wolfgang war immer einfach nur der gute Freund – bis ..., ja bis Wolfgang eines Tages selbst eine andere Freundin hatte.

Jetzt wurde Silvie darauf aufmerksam, dass ihr bester Freund auch als Partner in Frage kommen könnte. Sie stellte fest, dass sie ihn sehr vermisste, sie sah ihn ja nun nicht mehr so häufig. Sich in die Beziehung zwischen Wolfgang und der anderen Frau hineindrängen, das wollte Silvie jedoch auch nicht. Also versuchte sie ihn zu vergessen und zog sich von ihm zurück.

Das glückliche Ende der Liebesgeschichte

Ein Jahr später trafen sich Silvie und Wolfgang auf einer Feier wieder. Das Glück wollte es, dass beide zu diesem Zeitpunkt keinen anderen Partner hatten. Ganz vorsichtig gingen sie aufeinander zu, doch nach diesem Abend waren sie unzertrennlich. Was schließlich daraus geworden ist, das können wir alle heute sehen. Lasst uns darum das Glas darauf erheben, dass Silvie und Wolfgang auch weiterhin nichts, aber auch gar nichts trennen kann. Auf die beiden!

Rede der Großmutter des Bräutigams

Anlass der Rede	*Heirat des Enkels*
Redezeit	*Fünf bis sieben Minuten*
Redestil	*Erzählend, heiter*

Lieber Enkel, liebe Schwiegerenkelin, liebe Hochzeitsgäste,

Gratulation zur Liebesheirat

natürlich glaube ich nicht, dass es den Ausdruck Schwiegerenkelin überhaupt gibt, aber wenn man Schwiegertochter sagt, dann kann man wohl auch von einer Schwiegerenkelin reden, oder? Wie auch immer: Ich möchte euch zu eurer Liebesheirat gratulieren.

Die Ehe im Wandel der Zeit

Vielleicht wundert ihr euch nun schon wieder, dass ich das etwas altmodische Wort „Liebesheirat“ gebrauche, aber das hat seinen Sinn. Ich will damit zum Ausdruck bringen, wie glücklich ihr sein könnt, in einer Zeit aufgewachsen zu sein, in der die Liebesheirat zumindest in unserem Kulturkreis die Regel und nicht die Ausnahme ist. Sonst, mein lieber Enkel, hätten nämlich deine Eltern die ihrer Meinung nach passende Braut für dich ausgesucht und deine Hochzeit arrangiert, ohne dich überhaupt zu fragen.

Oder stellt euch vor, ihr wärt im alten Orient aufgewachsen: Dann wärst du, Anja, vielleicht eine von den vielen Ehefrauen Bernds gewesen. Denn dort herrschte (und herrscht bis heute) die sogenannte Polygamie, die Vielehe. Ich kann mir auch nicht vorstellen, dass Bernd das gefallen hätte, denn er hätte alle seine Ehefrauen versorgen müssen. Wenn er arm gewesen wäre, dann hätte er sich vielleicht noch nicht einmal eine Frau leisten können.

Hättet ihr hingegen im Mittelalter gelebt, hättet ihr möglicherweise einen Lehnsherren gehabt, der darüber bestimmt hätte, wen ihr heiratet. Womöglich hätte er zudem das Recht der ersten Nacht eingefordert: Die Braut hätte die Hochzeitsnacht im Bett des Grundherren verbringen müssen. Grauenvolle Vorstellung, oder?

Im 19. Jahrhundert und auch zu Anfang des 20. Jahrhunderts war die sogenannte Zweckheirat weit verbreitet. Bei dieser Form der Lebensgemeinschaft versorgte der Mann die Frau, sie führte dafür seinen Haushalt und gebar ihm Kinder. Aus Liebe wurde nur ganz selten geheiratet.

Heute gibt es natürlich auch in unserer Gesellschaft noch eine ganze Reihe Männer und Frauen, die nicht aus Liebe, sondern wegen des Geldes, das der zukünftige Partner besitzt, heiraten. Ich bin aber froh, dass man bei euch beiden merkt, dass ihr keinen anderen Grund als die Liebe hattet, als ihr euren Heiratsentschluss gefasst habt. Denn wie man an Bernds Großvater und mir unschwer erkennen kann: „Alter schützt vor Liebe nicht, aber Liebe vor dem Altern." Ich wünsche euch, dass dieser Satz der Modemacherin Coco Chanel in ferner Zukunft auch auf euch zutreffen wird und gratuliere euch noch einmal von ganzem Herzen!

Zitat mit Bezug auf das Brautpaar

Rede einer Schwester der Braut

Anlass der Rede	*Hochzeit der Schwester*
Redezeit	*Fünf bis sieben Minuten*
Redestil	*Heiter, erzählend*

Liebes Schwesterchen, lieber Georg,

Rückblick auf die Trauung

so eine Trauung wie eure – da werden mir sicherlich die anderen Hochzeitsgäste zustimmen – erlebt man nicht alle Tage. Ich war ziemlich erstaunt, als vorhin in der Kirche nicht der Pfarrer die alles entscheidende Frage, ob ihr einander heiraten wollt, an euch gerichtet hat, sondern dass ihr euch selbst gegenseitig gefragt habt. Du hattest mir zwar vor eurer Hochzeit schon gesagt, dass wir alle noch eine Überraschung erleben werden, doch damit hatte ich nun wirklich nicht gerechnet. Ihr sorgt schon dafür, dass wir aus dem Staunen nicht herauskommen.

Rückblick auf das Kennenlernen des Paares

Denn mit der Bekanntgabe eurer Hochzeit habt ihr schließlich auch alle verblüfft. Vor einem knappen halben Jahr habt ihr euch kennen gelernt und schon seit ihr verheiratet. Ihr habt nach der Devise „Drum binde sich, wer nicht ewig prüfen will" gehandelt, die, wenn ich mich recht entsinne, der Immunbiologe Gerd Uhlenbrock in einer Umkehrung von Friedrich Schillers berühmtem Vers geprägt hat. Und häufig sind die schnellen Entschlüsse auch die besten. Man merkt auch, wie gut ihr beiden miteinander harmoniert. Oft habt ihr dieselben Ideen zur selben Zeit, ihr habt ähnliche Ansichten und fast gleiche Interessen. Auch wenn immer wieder gesagt wird, dass sich die Gegensätze anziehen, ist es aus meiner Erfahrung besser, wenn es in einer Partnerschaft eine gemeinsame Basis gibt. Es ist immer schwierig, wenn der eine Partner zum Beispiel liebend gerne Hochseefischerei betreibt und es schön fände, wenn der andere ihn begleitet, diesem aber auf hoher See stets speiübel wird und er lieber zu Hause im warmen Bett liegen und ausspannen würde. Häufig entfremden sich die Partner über kurz oder lang wegen ihrer verschiedenen Interessen. Das kann euch nicht passieren, denn ihr seid beide begeisterte Surfer (beim Surfen habt ihr euch ja auch kennen gelernt), wandert gern, seid auch sonst sehr sportlich, könnt aber genauso gut auch mal einen ganzen Sonntagnachmittag faulenzend im Bett verbringen. Außerdem seid ihr beiden Freunde schneller Entscheidungen und immer für Überraschungen gut, wie man sieht.

Wünsche für die Zukunft

Ich wünsche euch, dass euer gemeinsames Leben weiterhin so spannend verläuft wie bisher und hoffe, dass auch ihr zusammen noch genauso viele schöne Überraschungen erlebt wie wir heute in der Kirche.

Rede eines Bruders der Braut

Anlass der Rede	*Hochzeit der Schwester*
Redezeit	*Fünf bis sieben Minuten*
Redestil	*Feierlich, poetisch*

Meine liebe kleine Schwester, lieber Klaus, liebe Freunde,

Das Kennenlernen des Ehepaares aus der Sicht des Bruders

als älterer Bruder von Ilka ist für mich heute auch ein ganz besonderer Tag. Ich war nämlich schon skeptisch, ob Ilka jemals den Mann ihrer Träume finden würde. Keiner war ihrer Meinung nach der Richtige. Ilka machte sich jedoch – im Gegensatz zu mir – keine Sorgen. Sie war immer der festen Überzeugung, dass sie irgendwann auf den Mann ihres Lebens treffen würde und wenn dies der Fall wäre, würde sie ihn auch sofort erkennen. Und tatsächlich, kaum tratst du, Klaus, in ihr Leben, wusste sie sofort, dass ihr heiraten würdet. Das hört sich an wie ein Märchen, nicht wahr? Aber vielleicht hat ja die ganze Liebesgeschichte ihren Ursprung sogar im Märchen ...

Rückblick auf die Jugend der Schwester, erzählt als Märchen

Es war einmal ein Mädchen namens Ilka. Ilka liebte Geschichten, die mit „es war einmal" begannen oder sonst irgendwie märchenhaft waren. Besonders faszinierten sie die Sagen der verschiedenen Völker. Eine Geschichte – ich glaube, sie war indianischer Herkunft, bin mir aber nicht mehr ganz sicher – hatte es ihr besonders angetan: Nach dieser Sage waren Mann und Frau in grauer Vorzeit als Einheit geschaffen worden. Dann widersetzten sie sich jedoch ihrem Schöpfer, der sehr erzürnt reagierte. Er spaltete Mann und Frau durch einen Blitz in der Mitte und schleuderte sie so weit auseinander, dass sie durch Ozeane voneinander getrennt wurden. Seitdem sind sowohl der Mann als auch die Frau ständig auf der Suche nach ihrem verloren gegangenen Gegenstück, um ihre Einheit wiederherzustellen. Das Mädchen Ilka liebte diese Geschichte. Sie fand so viel Gefallen daran, dass sie begann, nach ihrem Gegenstück zu suchen. Und sie wusste, sie würde es erkennen.

Übertragung des Märchens auf die Hochzeitssituation

So oder so ähnlich muss es dir, Ilka, wohl ergangen sein. Du hast schließlich mit Klaus dein Gegenstück gefunden. Und ich habe den Eindruck, Klaus sieht in dir ebenfalls seine verloren gegangene zweite Hälfte. Zusammen bildet ihr jedenfalls eine Einheit. Das spürt man sofort, wenn man euch zusammen sieht. Und wenn sogar dein Bruder das mitbekommt, den du immer für etwas begriffsstutzig gehalten hast, dann muss da ja wohl etwas Wahres dran sein. Für eure Zukunft kann ich euch daher nur eines wünschen: dass euer ganz privates Märchen niemals endet.

Rede einer Schwester des Bräutigams

Anlass der Rede	*Hochzeit des Bruders*
Redezeit	*Fünf bis sieben Minuten*
Redestil	*Heiter*

Liebe Meike, lieber kleiner Bruder,

Ausdruck der Ungläubigkeit über die Heirat

ich habe bis zum heutigen Tag nicht geglaubt, dass ihr beiden wirklich heiraten würdet. Ihr hattet so viele Gründe, aus denen ihr hättet heiraten können, und keinen habt ihr zum Anlass genommen. Stattdessen gebt ihr euch nun einfach aus heiterem Himmel das Jawort. Aber warum soll ich meckern, ich freue mich natürlich riesig für euch.

Gründe, warum der Bruder hätte heiraten sollen

Der erste Grund, aus dem ihr meiner Meinung nach hättet heiraten sollen, waren die Steuern. Während du noch studiertest, lieber Andreas, hat Meike schließlich schon hart gearbeitet. Sie hätte eine Menge Steuern sparen können, wenn ihr damals bereits geheiratet hättet. Schließlich hattet ihr schon einige Zeit zusammengelebt. Aber das schnöde Geld sei für euch kein Grund zum Heiraten, habt ihr beide damals einvernehmlich erklärt. Dagegen kann man natürlich nichts einwenden.

Auch den zweiten Grund zum Heiraten habt ihr verstreichen lassen: Andreas fand nach seinem Studium eine Stelle in Hannover. Das ist natürlich eine ganze Ecke von Wiesbaden entfernt. Da Meike aber im öffentlichen Dienst arbeitet, hätte sie sich ohne Probleme nach Hannover versetzen lassen können, wenn ihr geheiratet hättet. Ihr habt jedoch erklärt, dass die Liebe auch ohne Trauschein die Landesgrenzen (natürlich nur die der Bundesländer) überwinden würde. Ihr hattet Recht: Andreas fand kurz darauf tatsächlich Arbeit im Rhein-Main-Gebiet.

Der dritte Grund für eine Heirat war für mich allerdings der bedeutendste: Max. Doch auch als er zur Welt kam, habt ihr darauf bestanden, auf eine Eheschließung erstmal noch zu verzichten. Ich verstand die Welt nicht mehr. Würde es denn überhaupt noch einen triftigen Grund für eine Ehe zwischen euch beiden geben?

Der Grund des Bruders für die Hochzeit

Und plötzlich teiltet ihr mir mit, dass es nun doch noch etwas wird mit der Ehe. Da war ich natürlich zunächst völlig platt. Als ich euch nach eurem Grund fragte, habt ihr mir grinsend geantwortet: „Ach, wir hatten einfach mal Lust ein Fest zu feiern." Na, dann wollen wir doch einfach einmal auf euch anstoßen. Zum Wohl!

Rede eines Bruders des Bräutigams

Anlass der Rede	*Hochzeit des Bruders*
Redezeit	*Fünf bis sieben Minuten*
Redestil	*Feierlich, heiter*

Liebe Eva, lieber Jürgen, liebe Gäste,

Vorschlag, gemeinsam in die Zukunft des Brautpaares zu sehen

eigentlich glaube ich ja nicht so recht daran, dass das Schicksal eines Menschen durch die Sterne bestimmt wird. Andererseits habe ich mir gedacht, es wäre doch schön, am heutigen Tag schon etwas über die gemeinsame Zukunft meines Bruders und seiner Frau erfahren zu können. Also habe ich meine Skepsis überwunden und geschaut, was die verschiedenen Horoskope über die Beziehung zwischen einem Widder und einer Löwin sagen. Alle Angaben sind natürlich – wie ihr euch vorstellen könnt – ohne Gewähr, doch die astrologischen Voraussetzungen für eure Ehe können sich sehen lassen!

Horoskop für das Brautpaar

Widder sind nach übereinstimmender Ansicht aller Horoskope, die ich gewälzt habe, kämpferische, energische Naturen. Löwen geben ebenfalls nur ungern auf, wenn sie sich etwas in den Kopf gesetzt haben. Gemeinsam seid ihr, Eva und Jürgen, daher unschlagbar, wenn ihr auf dasselbe Ziel hinarbeitet. Eure Hochzeitsfeier heute ist der Beweis!

Temperamentvoll, aber auch starrköpfig – diese beiden Charaktereigenschaften treffen ebenfalls sowohl auf den Widder als auch auf den Löwen zu. Langweilig wird es in eurer Ehe also wahrscheinlich nie werden, manchmal solltet ihr euer Temperament aber vielleicht etwas zügeln.

Eine optimistische Lebenseinstellung, das zeichnet Widder und Löwen ebenfalls aus. Selbst wenn sie manchmal Rückschläge verkraften müssen, so schnell wirft sie nichts aus der Bahn. Auch das trifft auf euch beide zu: Sogar wenn nicht immer alles so läuft, wie ihr es euch vorgestellt habt, seid ihr noch fröhlich und lasst euch nicht aus der Ruhe bringen.

Übereinstimmend sagen alle Horoskope, dass Widder und Löwen wie füreinander geschaffen seien. Zwar sind beide Sternzeichen etwas herrschsüchtig, doch nachtragend sind beide nicht. Kommt es mal zum Krach, ist er kurz, aber heftig. Doch schnell darauf vertragen sich Widder und Löwen auch wieder, denn böse kann keiner lange sein.

Einordnung des Horoskops und Wünsche für die Zukunft

Auch wenn ich bislang nicht an die Astrologie geglaubt habe – nachdem ich all diese Horoskope gelesen habe, bin ich überzeugt, dass eure Ehe unter einem guten Stern steht. Darauf, dass euer Glück nicht wie eine Sternschnuppe verglüht und ihr noch viele Sternstunden miteinander verleben werdet, möchte ich nun mit euch anstoßen. Zum Wohl!

Rede einer guten Freundin der Braut

Anlass der Rede	*Hochzeit einer Freundin*
Redezeit	*Knapp zehn Minuten*
Redestil	*Berichtend, heiter, zum Ende feierlich*

Liebe Katja, lieber Volker,

Zitat mit unerwarteter Wendung

„Liebe auf den ersten Blick ist ungefähr so zuverlässig wie Diagnose auf den ersten Händedruck." Wenn man aus diesem Bonmot des irischen Schriftstellers George Bernhard Shaw den Umkehrschluss zieht, dass Liebe auf den zweiten oder dritten Blick so zuverlässig ist wie eine ärztliche Diagnose nur sein kein, dann habt ihr, Katja und Volker, die Garantie die richtige Wahl getroffen zu haben.

Bericht über das Kennenlernen der Brautleute, mit Bezug auf den Anfang der Rede

Als ihr euch kennen lerntet, hätte wohl keiner vermutet, dass ihr euch jemals näherkommen würdet – im Gegenteil. Ich erinnere mich noch gut daran, was du, Katja, mir über Volker berichtet hast, nachdem du in einem Seminar an der Uni seine Bekanntschaft gemacht hattest. Du bist empört in mein Zimmer in dem Studentenwohnheim gestürmt, in dem wir beide damals lebten. „Kannst du dir vorstellen, was mir heute passiert ist?", hast du mich gefragt – natürlich konnte ich es nicht. „So eine Unverschämtheit, so eine Unverschämtheit!", das waren die Worte, die du vor dich hinmurmeltest. „Was war denn los?", drängte ich. Langsam wurde ich doch recht neugierig. Dann begannst du zu erzählen – von deinem Referat, das du an diesem Tag in dem Politikseminar halten musstest, und von dem unverschämten Typ, der ganz vorne, in einer der ersten Reihen saß und dich die ganze Zeit aufdringlich von oben bis unten musterte und am Ende deines Vortrags eine geschmacklose Bemerkung machte. Du erzähltest mir noch von einer passenden Erwiderung, die du ihm gegeben hättest, und dass du diesen Menschen abscheulich fändest. Es war selbstverständlich, dass ich als deine beste Freundin deine Empörung teilte.

So verlief also eure erste Begegnung. Volker berichtete mir hinterher, dass er sich bei seiner Bemerkung gar nichts gedacht hatte. Auch war ihm nicht klar, dass er dich gemustert haben soll – schließlich hattest du ja ein Referat gehalten. Da sei es für ihn nur natürlich gewesen dir seine volle Aufmerksamkeit zu schenken. Deine heftige Reaktion verstand er überhaupt nicht.

Ihr seid euch daraufhin häufiger begegnet. Vielleicht seid ihr euch nach diesem Zusammenstoß aber auch einfach stärker aufgefallen. Nach einiger Zeit sagtest du mir, Katja, du würdest abends mit Volker ins Kino gehen. Etwas irritiert war ich schon, doch du meintest, irgendwann müsse man das Kriegsbeil begraben und eigentlich sei Volker auch ganz nett.

So ging alles seinen Gang. Schließlich seid ihr zusammengezogen. Da jeder von euch eine sehr starke Persönlichkeit ist, verlief nicht von Anfang an alles glatt. Aber ihr habt es geschafft, euch zusammenzuraufen, indem ihr euch gegenseitig eure Freiräume gelassen habt. Ihr wusstet genau, dass es nicht das Ziel einer Partnerschaft sein kann, den anderen einzuengen, sondern dass eine Partnerschaft allein auf Freiwilligkeit beruht. Wie sagte der deutsche Schriftsteller Hans Kasper: „Liebe ist ganz aus Freiheit gemacht, kein Muss richtet da etwas aus.“ Wir wünschen euch, Volker und Katja, dass ihr auch weiterhin dem anderen seine Freiheit laßt und gemeinsam immer so glücklich seid wie am heutigen Tag.

Einfügen eines passenden Zitats, Ausblick und Wünsche für die Zukunft

Auf Euch!

Rede eines guten Freundes des Bräutigams

Anlass der Rede	*Hochzeit eines Freundes*
Redezeit	*Knapp zehn Minuten*
Redestil	*Heiter*

Liebe Brigitte, lieber Matthias,

Zustimmung zur Entscheidung des Brautpaares eine Geldhochzeit zu feiern

ihr feiert eine Geldhochzeit, das heißt, ihr habt euch von euren Gästen keine besonderen Geschenke, sondern Geld gewünscht. Das erscheint mir auch sehr vernünftig angesichts dessen, was ich bei anderen Hochzeiten miterlebt habe. Nach der Feier stand das Brautpaar meist mit solch nützlichen Geschenken wie zehn Vasen, vier Fonduetöpfen und drei Raclette-Geräten da. Doch wir, eure Freunde, konnten uns dennoch nicht zurückhalten. Wir müssen euch neben dem Geld einfach noch ein Geschenk machen und das möchte ich euch nun vorstellen: das Erste-Hilfe-Set für die Ehe.

Der Redner packt ein Geschenk aus: ein Erste-Hilfe-Set für die Ehe

Zunächst haben wir da die rosa Brille. Sie hilft über graue Tage hinweg, die es auch in jeder noch so guten Ehe gibt. Gleichzeitig kann derjenige, der sie aufsetzt, dem Partner damit signalisieren, er solle nicht so missmutig sein. Ich wette, die dunklen Wolken werden mit Hilfe der Brille rasch vertrieben sein.

Apropos Wolken: Dies Wölkchen, das leider nur aus Pappe und Watte besteht (eine andere konnten wir zu unserem eigenen Missfallen nicht einfangen), soll eure Wolke Nr. 7 sein. Ihr könnt euch darauf zurückziehen, wenn alles um euch herum wieder einmal viel zu hektisch und stressig sein sollte. Auch mit dieser Wolke könnt ihr selbstverständlich eurem Partner ein Signal geben, zum Beispiel dass er sich beruhigen soll, wenn er wütend und aufgebracht ist.

Was haben wir denn hier? Ach ja, die legendären Handschuhe des König Midas! Ihr kennt ja sicher die Sage, nach der dieser König all das, was er anfasste, in Gold verwandelte. Diese Handschuhe haben etwas von dieser Gabe symbolisch in die heutige Zeit gerettet. Sie zeigen an, dass Schweigen Silber und Reden Gold ist. Was, das versteht ihr nicht? Das bedeutet, es ist wichtig alle Probleme, die in einer Partnerschaft auftauchen, möglichst rasch anzusprechen, damit sie nicht zu unlösbaren Problemen werden.

Glaubt es oder glaubt es nicht: Dieser unscheinbare Stein hat sich tatsächlich als Stein der Weisen entpuppt – und ihr bekommt ihn einfach so zu eurer Hochzeit geschenkt. „Wozu soll der denn nun wieder gut sein?“, höre ich euch schon fragen. Ganz einfach: Er soll euch die Weisheit verleihen, den anderen immer so zu akzeptieren, wie er ist, auch wenn es Tage gibt, an denen ihr andere Eigenschaften und Verhaltensweisen an eurem Partner vorziehen würdet.

Als letztes hätte ich noch dieses Wunder-T-Shirt anzubieten. Es ist eigentlich eher ein Geschenk für Brigitte als für dich, Matthias. Anziehen musst aber du es. Das T-Shirt macht aus deinem Mann, Brigitte, ganz schnell wieder einen Supermann, wenn du einmal ein wenig an seinen Fähigkeiten zweifeln solltest. Ich habe mir von erfahrenen Ehefrauen (eine davon ist meine) sagen lassen, dies käme schon manchmal vor.

Das war es leider – der Erste-Hilfe-Koffer ist leer. Nicht traurig sein, dass ihr nicht noch mehr von diesen schönen Geschenken bekommt. Es war schon weiß Gott schwierig genug, all diese wertvollen Gegenstände ihren Vorbesitzern abzuschwatzen, wie ihr euch sicher vorstellen könnt. Dennoch haben wir, eure Freunde, keine Kosten und Mühen gescheut, denn schließlich möchten wir, dass ihr alle Klippen des Ehelebens glorreich umschifft ohne Schiffbruch zu erleiden. Wir wünschen euch alles Glück dieser Welt!

Wünsche für die Zukunft

Ein Freund der Familie spricht zu den Eltern der Braut und des Bräutigams

Anlass der Rede	*Hochzeit der Kinder von Freunden*
Redezeit	*Fünf bis sieben Minuten*
Redestil	*Feierlich*

Liebe Eltern des Hochzeitspaares,

Dank an die Eltern des Brautpaares

über dem ganzen Trubel um die beiden Hauptpersonen des heutigen Tages sollt ihr nicht vergessen werden. Schließlich ist es euch zu verdanken, dass wir heute überhaupt die Hochzeit von Ina und Michael feiern können. Hättet ihr vor Jahren nicht ebenfalls den Entschluss gefasst euch zusammenzutun, gäbe es Ina und Michael gar nicht. Deshalb gilt mein besonderer Dank für dieses schöne Fest heute euch, zumal ihr auch an der Planung und Ausrichtung der Feier maßgeblich beteiligt seid.

Eingehen auf die Situation der Eltern

Mir scheint, dass ihr zwar überglücklich über die Entscheidung eurer Kinder seid, dass ihr aber auch ein wenig Wehmut empfindet. Denn schließlich müsst ihr euch nun mit der unwiderlegbaren Tatsache abfinden, dass eure Kinder ein eigenes Leben führen und eine eigene Familie gründen. Auch wenn Ina und Michael schon längere Zeit nicht mehr zu Hause gelebt haben, stellt dieser Tag doch sozusagen den endgültigen Schlusspunkt ihrer Kindheit dar. Vielleicht findet ihr ein wenig Trost in einem Dichterwort, das, wie ich finde, sehr gut zu eurer Situation am heutigen Tag passt. Jean Paul sagte einmal: „Kinder und Uhren dürfen nicht beständig aufgezogen werden. Man muss sie auch gehen lassen." Und wenn der Anlass ein so schöner wie eine Hochzeit ist, dann lässt man seine Kinder doch sicher gern gehen, oder?

Außerdem habt ihr durch die Heirat von Ina und Michael ja weitere Verwandte hinzugewonnen. Und mir scheint, dass ihr – die beiden Elternpaare – euch untereinander so gut versteht, dass sich bereits eine richtige Freundschaft entwickelt hat. Ich kann mir also vorstellen, dass am heutigen Tag doch die Freude wesentlich größer ist als die Wehmut. Und wenn ihr eure Kinder anschaut, könnt ihr wahrscheinlich gar nicht anders als euch mit ihnen zu freuen. Schon der französische Dichter Georges Bernanos sagte: „Seine Freude in der Freude des anderen finden können, das ist das Geheimnis des Glücks."

Glückwünsche

Ich wünsche euch und natürlich dem Brautpaar noch viele weitere glückliche Momente. Auf dass ihr alle euch immer so gut versteht wie heute!

Ein Freund spricht bei einer Doppelhochzeit

Anlass der Rede	*Doppelhochzeit zweier Paare*
Redezeit	*Etwa zehn Minuten*
Redestil	*Berichtend*

Liebe Marion, lieber Roland,
liebe Anne, lieber Stefan,

Das besondere Ereignis Doppelhochzeit

wenn ein Paar heiratet, ist das bereits ein großes Ereignis, wenn sich jedoch zwei Paare entschließen gemeinsam Hochzeit zu feiern, ist das ein ausreichender Grund für ein Fest, wie es nur alle Jubeljahre einmal vorkommt. Das habt ihr wohl auch gedacht und diese Feier auf die Beine gestellt. Deshalb wollen wir, eure Freunde, ebenfalls unser Möglichstes tun, damit euch dieser Tag unvergesslich bleibt.

Die freundschaftlichen Beziehungen der Paare untereinander

Eigentlich hätte es sich ja jeder fast denken können, dass ihr, Marion und Anne, einmal gemeinsam heiraten würdet. Schließlich seid ihr bereits seit eurer Kindheit unzertrennlich. Als ihr älter wart, wurdet ihr nur als „das Duo" bezeichnet, weil sich die eine ohne die andere nirgends blicken ließ. Wir frotzelten schon, dass ihr ohne eure „bessere Hälfte" wahrscheinlich noch nicht einmal einschlafen könntet. Vermutlich waren wir alle ein wenig neidisch, dass ihr euch so gut verstanden habt und sich niemand zwischen euch drängen konnte. Aber wir dachten, das würde schon ein Ende nehmen, wenn eine von euch den ersten Freund hätte. Da sollten wir uns jedoch gewaltig irren! Selbst als die ersten Liebeleien begannen, schaffte es kein Mann, zwischen euch zu treten. So richtig ernst nahmt ihr diese Freundschaften aber auch nicht. Eure Freundin war euch immer noch viel wichtiger.

Dann machtet ihr mal wieder gemeinsam Urlaub. Die Reise ging diesmal nach Spanien. Ihr hattet alles so schön geplant. Mit dem Zug wolltet ihr ans Meer fahren, bleiben wolltet ihr dort, wo es euch gefällt. Ihr wart – wie fast immer – mit Rucksack und Zelt unterwegs, um möglichst unabhängig zu sein und bei schlechtem Wetter sofort woanders hinfahren zu können. Den Rucksack mit dem Zelt hattet ihr auf dem Gang gelassen, weil im Abteil kein Platz mehr war. Als du, Anne, dann wieder nach dem Rucksack geschaut hast, war er plötzlich weg. Ratlosigkeit und Verzweiflung begannen, sich breit zu machen. Ihr dachtet schon, ihr müsstet umkehren. Ohne Zelt hättet ihr den Urlaub abbrechen müssen.

Dieses Drama bekamen zwei junge Männer aus dem Nebenabteil mit, die ebenfalls auf dem Weg nach Spanien waren. Können Sie sich, liebe Gäste, vorstellen, wer das war? Genau: Roland und Stefan. Die beiden hatten gesehen, wie sich ein Dieb an Annes und Marions Sachen zu schaffen gemacht hatte. Sie waren auf ihn zugegangen, hatten ihn daran gehindert, den Rucksack mitzunehmen, und das Gepäck in ihrem Abteil in Sicherheit gebracht.

So lernten die beiden unzertrennlichen Freundinnen Roland und Stefan kennen, die gleichfalls sehr gut miteinander befreundet waren. Alle vier verstanden sich so gut, dass sie beschlossen ihren Urlaub gemeinsam zu verbringen. Die Liebe ließ auch nicht lange auf sich warten. Als Anne und Marion nach Hause zurückgekehrt waren, sprachen sie von fast nichts anderem als von Roland und Stefan. Den beiden Männern ging es wohl ähnlich, denn trotz der gut 100 Kilometer, die zwischen ihrem Wohnort und dem der Freundinnen lagen, sahen sich die beiden Paare regelmäßig. Aus dem Duo wurde ein Quartett. Das Ende vom Lied ist bekannt: sie entschlossen sich zu heiraten.

Ich bin gespannt, ob die beiden Paare auch so ein gutes Timing entwickeln, wenn es um den Nachwuchs geht. Vielleicht können wir in einiger Zeit an dieser Stelle eine Doppeltaufe feiern? Das Quartett würde zum Sextett. Und stellen Sie, liebe Gäste, es sich doch einmal vor, wenn eines der Kinder ein Junge, das andere ein Mädchen würde. Möglicherweise verlieben sich die beiden in späteren Jahren ineinander und heiraten ebenfalls. Dann wären die beiden Paare nicht mehr nur rein freundschaftlich miteinander verbunden, sie wären sogar miteinander verwandt!

Wünsche für die Zukunft

Aber das ist noch Zukunftsmusik – und wer weiß? Vermutlich kommt ja doch alles anders. Aber in einem Punkt bin ich mir sicher: Das Quartett versteht sich genauso gut wie das Duo. Und für die Zukunft wünsche ich euch, dass die jeweiligen Ehepartner untereinander ebenso gut miteinander harmonieren, wie ihr alle vier es als Freunde tut. Lasst uns darauf anstoßen, dass sich auch heute niemand zwischen euch drängen kann!

Dankesrede des Bräutigams

Anlass der Rede	*Danksagung zur eigenen Hochzeit*
Redezeit	*Fünf bis sieben Minuten*
Redestil	*Heiter*

Liebe Familie, liebe Freunde,

Grund für die Rede

jetzt drängt er sich schon zum zweiten Mal an diesem Tag in den Mittelpunkt des Interesses, werden manche von euch denken: erst zur Trauung und nun auch noch, um eine Rede zu halten. Einmal reicht doch! Das finde ich ja auch, aber Melanie, mit der ich nun seit genau fünf Stunden und zehn Minuten verheiratet bin, hat gemeint, ich müsse etwas sagen. Da ich den ersten Ehekrach vermeiden wollte, tue ich also, was sie mir aufgetragen hat.

Danksagung

Wir sind beide schwer beeindruckt von all dem, was ihr auf die Beine gestellt habt, um unsere Hochzeit so schön wie möglich zu machen. Manches habt ihr natürlich auch getan, um euren Spaß zu haben. Ich denke jetzt nur an den Baumstamm, den ihr uns vor die Kirche gestellt habt und den wir dann zersägen mussten. Ihr wisst ja, dass wir beide handwerklich nicht gerade die Geschicktesten sind. Bestimmt habt ihr euch gedacht: „Lasst den Computerfachmann und die Bürokauffrau sich ruhig ein wenig anstrengen, die sitzen doch sonst den ganzen Tag. Dann haben wir wenigstens etwas zu lachen." Und genauso war es dann ja auch. Aber dennoch: Uns hat die ganze Sache natürlich auch Spaß gemacht.

Außerdem möchten wir uns selbstverständlich bei euch allen bedanken, dass ihr gekommen seid, um mit uns zu feiern. Wir freuen uns riesig, dass ihr die zum Teil recht weite Anreise nicht gescheut habt, um diesen Tag hier mit uns zu verbringen. Auch für die vielen Geschenke bedanken wir uns natürlich, obwohl wir noch nicht die Zeit hatten alle auszupacken. Aber das kommt noch – schließlich sind wir beide schrecklich neugierig, wie ihr wisst.

Der Bräutigam wünscht viel Spaß beim Feiern

Was gibt es sonst noch zu sagen? Hoffentlich nicht mehr viel, werden die meisten von euch innerlich stöhnen. Na gut, dann will ich das Fest auch nicht länger unterbrechen. Ich wünsche mir, dass ihr euch weiterhin so gut amüsiert wie bisher. Auf dass auch euch dieser Tag in genauso schöner Erinnerung bleibt wie uns. Zum Wohl!

Dankesrede der Braut

Anlass der Rede	*Danksagung zur eigenen Hochzeit*
Redezeit	*Fünf bis sieben Minuten*
Redestil	*Feierlich*

Liebe Eltern, liebe neue und alte Verwandte, liebe Freunde,

Begrüßung der Gäste

was wäre ein Leben ohne Feste? Darauf hatte schon der griechische Philosoph Demokrit eine Antwort: „Ein Leben ohne Feste ist eine weite Reise ohne Gasthaus“, – also etwas ausgesprochen Unangenehmes. Das haben wir uns auch gedacht und unsere Hochzeitsfeier unter anderem deshalb in den Sommer gelegt. Wie ihr vielleicht wisst, ist er für uns, die wir überwiegend im Herbst, Winter und Frühjahr Geburtstag haben, doch eher rar an Festen. Weil unsere Feier leider ein wenig mit der Urlaubszeit kollidiert (was wir nicht bedacht hatten), freuen wir uns besonders, dass ihr alle gekommen seid. Wir hoffen, dass dieser Tag für euch fast genauso schön wird, wie er für uns schon ist.

Erklärung, warum das Paar geheiratet hat

Ihr habt euch bestimmt gefragt, warum wir erst jetzt heiraten, nachdem wir doch schon so lange zusammenleben. So leid es mir tut, dafür kann ich euch auch keinen Grund nennen. Jedenfalls haben wir vor ein paar Monaten gedacht, es wäre nun endlich an der Zeit, unser Verhältnis zu legalisieren. Für unsere plötzliche Entscheidung gab es keinen besonderen Anlass. Nur der Tag, den wir für unsere Feier ausgewählt haben, ist – zumindest für uns – ein ganz besonderer. Heute vor fünf Jahren haben wir uns kennen und kurze Zeit darauf auch lieben gelernt.

Ob wir glauben, dass sich durch die Ehe an unserer Beziehung etwas ändert? Nein, eigentlich nicht – es sei denn, ihr meint die steuerlichen Vergünstigungen, von denen man auch noch nicht weiß, ob sie nicht abgeschafft werden. Wenn ich es mir so recht überlege: Vielleicht glauben wir, dass das Band, das uns verbindet, durch die Hochzeit noch ein wenig enger geknüpft wird. Aber keine Angst! Es (ich meine das Band) wird uns immer genug Luft lassen, so dass wir uns auch weiterhin nicht eingeengt fühlen – da bin ich mir sicher. Denn schließlich gehört zu einer Partnerschaft, dass man dem anderen Freiräume lässt. Ich glaube kaum, dass wir diesen Tag heute miteinander feiern würden, wenn wir das nicht beherzigt hätten.

Was wir uns von der Ehe erhoffen? Nicht mehr, als wir von unserer Ehe ohne Trauschein erwarteten, doch was wir uns von unserer Partnerschaft ganz allgemein versprochen haben, ist bislang – toi, toi, toi – eingetreten. Sonst hätten wir heute nicht geheiratet.

Aufforderung zum Amüsieren

So, jetzt habe ich aber genug gesagt! Klaus und ich wünschen euch jetzt erst einmal guten Appetit und hoffentlich viel Spaß auf dieser Feier!

Der Bräutigam spricht zur Braut

Anlass der Rede	*Dank an die frisch angetraute Frau*
Redezeit	*Fünf bis sieben Minuten*
Redestil	*Feierlich*

Liebe Gäste,

hoffentlich ist es euch recht, wenn ich jetzt – nach all den Reden – noch ein paar Worte an meinen besten Freund richte: an meine Ehefrau. Wenn es sie nicht gegeben hätte, hätte dieses Fest schließlich gar nicht stattgefunden.

Liebe Susi,

Dank an die Ehefrau

erst vor wenigen Stunden war es so weit: wir haben einander geheiratet. Ich kann es eigentlich noch immer nicht so richtig glauben, dass du dich tatsächlich durchringen konntest mich zu heiraten. Mir kommt das alles noch ein wenig unwirklich vor. Vielleicht begreife ich ja morgen, dass wir gemeinsam auf dem Standesamt waren. Jedenfalls bin ich mehr als glücklich, dass wir geheiratet haben.

Schon damals, als wir uns kennen lernten, war ich begeistert von dir. Ich glaube, ich war damals gerade neun Jahre alt und du sieben. Bereits damals dachte ich mir: „Die oder keine!" Allerdings kann ich mir nicht vorstellen, dass du etwas davon gemerkt hast, denn ich habe dich erst einmal an den Haaren gezogen, um dich auf mich aufmerksam zu machen. Das war natürlich keine akzeptable Strategie! Du hast so laut geschrien, dass deine Mutter kam und mir die Ohren lang zog. Für mich war die Begegnung also auch schmerzhaft, aber seit diesem Moment habe ich dich nie wieder vergessen.

Als du dann mit 14 Jahren deinen ersten festeren Freund hattest, war ich schrecklich eifersüchtig. Doch ich glaube, auch davon hast du nichts gemerkt. Schließlich habe ich so getan, als ob ich dich ignorieren würde. Und doch habe ich jeden deiner Schritte aufmerksam verfolgt.

Aber dann, dann kam er endlich: mein großer Auftritt. Du bist 18 Jahre alt geworden und hast eine Party gefeiert. Mich hattest du auch eingeladen. Ich hatte extra 18 langstielige, rote Rosen besorgt, um sie dir zu überreichen und damit Eindruck zu schinden. Doch was passierte? Ich stolperte über die Türschwelle und fiel mit meinen Rosen direkt vor deine Füße. Das war nicht unbedingt der Auftritt, den ich erhofft hatte. Aber ich muss dir wohl entsetzlich leid getan haben, denn du hast dich den ganzen Abend fast ausschließlich um mich gekümmert. Und so nahm dann doch alles seinen Lauf...

Erwartungen an die eigene Zukunft

Jetzt sind wir schon geraume Zeit zusammen und verstehen uns von Tag zu Tag besser. Ich bin überzeugt, dass es auch in unserer Ehe so weitergeht. Deshalb muss ich dir noch einmal sagen, wie froh ich bin, dass wir heute diesen Tag zusammen mit unseren Gästen feiern können. Ich danke dir!

Reden im kleineren Kreis

Rede eines Elternteils der Braut

Anlass der Rede	*Hochzeit der Tochter*
Redezeit	*Etwa fünf Minuten*
Redestil	*Festlich*

Liebe Claudia, lieber Ralf,

Begründung für die Feier im kleinen Kreis

ihr habt euch eine Hochzeitsfeier im kleinen Kreis gewünscht. Begründet habt ihr euren Wunsch damit, dass ihr diesen Tag mit euren nächsten Verwandten und engsten Freunden in aller Ruhe genießen und ausreichend Zeit für intensivere Gespräche haben wollt, die auf einer großen Feier doch immer zu kurz kommen. Wir, deine Eltern, Claudia, haben eure Entscheidung begrüßt und freuen uns heute mit euch eure Hochzeit feiern zu können.

Ratschläge für die Ehe anhand eines Zitats

Heute blickt ihr mit Vorfreude auf euer weiteres gemeinsames Leben. Das kann ich gut verstehen. Doch es kommen bestimmt auch Zeiten, in denen das Zusammenleben nicht so rosig ist, wie es euch am heutigen Tag erscheint. Darum lasst euch einen kleinen Tipp geben, auch wenn er nicht ganz einfach zu befolgen ist. Die Schriftstellerin und Literaturnobelpreisträgerin Pearl S. Buck sagte einmal: „Die wahre Lebenskunst besteht darin, im Alltäglichen das Wunderbare zu sehen." Nehmt es daher nicht als Selbstverständlichkeit hin, dass ihr mit eurem Partner zusammenlebt – sonst wird das Wunderbare schnell zu etwas Alltäglichem. Macht euch jeden Tag klar, dass es einen Grund dafür gibt, dass ihr zusammenlebt: die Liebe. Umso länger bleibt sie euch erhalten und es wird nicht nur zur lieben Gewohnheit, den Partner um sich zu haben. Ein wenig Selbstdisziplin gehört ebenfalls dazu, das Wunderbare im Alltäglichen zu erhalten. Zum Beispiel sollte man sich selbst nicht gehen lassen, weil ja „nur" der Partner einen sehen kann – er ist schließlich die wichtigste Person im Leben des anderen. Wenn – überspitzt gesagt – die Frau im Haus nur mit Lockenwicklern und Kittelschürze, der Mann nur unrasiert und im Pyjama herumläuft, ist klar, dass das Interesse am anderen rasch abnimmt. An solchen Kleinigkeiten erkennt man sehr schnell, dass eine Partnerschaft nicht mehr die Beste ist.

Schön ist es, wenn sich die Partner in einer Ehe immer noch gegenseitig überraschen – dann bleibt das Alltägliche nämlich wunderbar. Es geht nicht darum, dem anderen große Geschenke zu machen – es sind die kleinen Aufmerksamkeiten, die das gemeinsame Leben zum Erlebnis werden lassen. So kann zum Beispiel eine Ackerblume, die man dem anderen zwischendurch mitbringt, um seine Liebe zu zeigen, viel mehr aussagen als der größte Rosenstrauß, der nur am Hochzeitstag überreicht wird.

Wünsche für die Zukunft

Aber ihr werdet, da bin ich mir sicher, schon euren eigenen Weg finden, euer gemeinsames Leben nicht alltäglich werden zu lassen. Lasst uns nun alle auf diesen nicht alltäglichen Tag anstoßen! Auf Claudia und Ralf!

Rede eines Elternteils des Bräutigams

Anlass der Rede	*Hochzeit des Sohnes*
Redezeit	*Etwa fünf Minuten*
Redestil	*Feierlich*

Liebe Sigrid, lieber Julian,

Kurze Begrüßung

auch wenn wir nur mit den nächsten Verwandten und Freunden zu eurem Hochzeitsessen zusammengekommen sind (was ich sehr schön finde), möchte ich eure Heirat zum Anlass nehmen, eine – ich verspreche es – kurze Rede zu halten.

Rückblick auf die Trauung

Vorhin auf dem Standesamt wart ihr zwei noch ziemlich nervös. Das verstehe ich gut, denn schließlich ist es ja auch ein bedeutsamer Schritt, eine Ehe einzugehen. Aber trotzdem wart ihr entschlossen diesen Schritt zu tun. Ich finde es immer wieder mutig, wenn junge Leute heiraten, obwohl die Ehe ein wenig aus der Mode gekommen ist. Es ist heute ja auch kein Problem mehr, ohne Trauschein zusammenzuleben. Andererseits ist so ein Eheversprechen doch noch etwas Besonderes, obwohl es längst nicht mehr unauflöslich ist. Man lässt sich mit der Heirat die Hintertür, aus der Partnerschaft zu entfliehen, weniger weit offen als ohne Trauschein. Eure Nervosität war daher sicherlich berechtigt.

Jetzt habt ihr allerdings, wie es scheint, jede Furcht verloren. Das sieht man euren glücklichen Gesichtern an. Allerdings habt ihr euch die Eheschließung auch gründlich überlegt. Ihr habt mir mitgeteilt, ihr wollt nicht heiraten, um ein großes Fest zu feiern oder eine höhere Steuerrückzahlung zu erhalten, sondern um die Zugehörigkeit zu eurem Partner auch nach außen hin zu zeigen. Außerdem wolltet ihr damit ausdrücken, dass ihr euch ganz für den Partner entschieden habt.

Versicherung der Eltern, für das Paar da zu sein

Ich wünsche euch, auch im Namen aller anderen Gäste, viel Glück für eure Ehe. Eins möchte ich euch noch sagen: Sollte es einmal größere Probleme geben – und ausbleiben werden sie sicherlich nicht –, könnt ihr jederzeit zu uns kommen und mit uns darüber sprechen. Ich verspreche dir, Sigrid, dass wir versuchen werden, möglichst objektiv zu bleiben und nicht von vornherein auf der Seite unseres Sohnes stehen. Aber genug der Probleme, lasst uns nun lieber feiern und das Glas auf Sigrid und Julian erheben. Zum Wohl!

Ein Trauzeuge spricht

Anlass der Rede	*Gratulation des Trauzeugen*
Redezeit	*Etwa fünf Minuten*
Redestil	*Heiter, festlich*

Liebe Anja, lieber Olaf, liebe Familienangehörige und Freunde des Brautpaares,

Danksagung dafür, Trauzeuge zu sein

Anja und Olaf haben mich vor einiger Zeit als Trauzeugen ausgesucht, wofür ich ihnen ganz herzlich danken möchte. Jetzt ist die eigentliche Trauung vorüber, wir sitzen hier beim Hochzeitsessen und eigentlich haben die Trauzeugen nun ihre Pflicht getan, doch ich möchte euch noch ein paar Gedanken mitteilen, die ich mir vor eurer Heirat gemacht habe.

Gedanken über den Begriff des Trauzeugen

Liebe Anja, lieber Olaf, ich habe mir überlegt, wozu ein Paar überhaupt einen Trauzeugen benötigt. Zuerst habe ich gedacht, ich müsse bezeugen, dass ihr euch immer und ewig lieben werdet, doch das kann ich ja schlecht tun. Schließlich weiß ich nicht, was in einigen Jahren sein wird, obwohl ich euch natürlich für eure Zukunft so viel Glück wie nur möglich wünsche.

Was sollte ich denn dann bezeugen? Das Wort Trauzeuge beinhaltet meiner Meinung nach den Begriff „sich etwas trauen“. Sollte ich nun bezeugen, dass ihr euch traut, euch trauen zu lassen? Das kam mir irgendwie auch nicht ganz richtig vor. Nun habe ich mir überlegt, wozu man Zeugen in anderen Fällen benötigt. Leider fielen mir da nur so unangenehme Dinge wie der Unfallzeuge oder der Zeuge vor Gericht ein. Doch ein Unfall war eure Hochzeit ja bestimmt nicht und vor ein Gericht treten musstet ihr ebenfalls nicht, sondern nur vor den Standesbeamten.

Langsam kam ich nun aber zum Ende meiner Überlegungen und mir gingen allmählich die Ideen aus, wozu ein Trauzeuge benötigt werden könnte. Also habe ich im Lexikon nachgesehen. Da stand aber nur, dass der Trauzeuge der Zeuge bei der Eheschließung ist (hätte ich mir auch denken können), er volljährig, eidesfähig und im Besitz der bürgerlichen Ehrenrechte sein sollte. Das half mir allerdings auch nicht viel weiter, wie ihr euch denken könnt. Also rief ich meinen Mit-Trauzeugen an und fragte ihn. Der konnte es mir nun endlich sagen: Ich muss nicht dafür geradestehen, dass eure Liebe ewig währt, nicht irgendetwas bezeugen, was ich nicht könnte, ich musste mit meiner Unterschrift nur bestätigen, dass ihr beiden geheiratet habt. Das habe ich mir dann also doch noch zugetraut!

Glückwünsche an das Brautpaar

Und nun seid ihr beiden verheiratet. Insgeheim hoffe ich allerdings, dass ich mit meiner Unterschrift nicht nur die Tatsache bestätigt habe, dass ihr euch das Jawort gegeben habt, sondern dazu beigetragen habe, eine lange und glückliche Ehe zu besiegeln. Viel Glück!

Rede des Brautpaares

Anlass der Rede	*Dank des Brautpaares an die Gäste*
Redezeit	*Knapp fünf Minuten*
Redestil	*Feierlich*

Liebe Familie, liebe Freunde,

Begründung für die Hochzeit im kleinen Kreis

ganz bewusst haben wir uns entschieden unsere Hochzeit nur mit euch zu feiern. Schließlich seid ihr die wichtigsten Menschen in unserem Leben. Und wir wollten unser Glück heute nur mit den Menschen teilen, die uns etwas bedeuten. Wir freuen uns jedenfalls sehr, dass ihr alle kommen konntet.

Eigene Überlegungen zur Ehe

Vorhin bei der Trauung steckte uns – wie ihr sicher alle gemerkt habt – ein kleiner Kloß im Hals. Das Jawort kam nur leise und leicht krächzend heraus. Aber ihr könnt sicher verstehen, dass wir es nicht laut und schallend herausbrachten – dafür war uns die Bedeutung des Augenblicks viel zu bewusst. Wir wussten, von diesem Moment an gehören wir ganz fest zusammen. Außerdem war die Trauung ja praktisch die Grundsteinlegung für eine eigene Familie. Zumindest hatten wir dies Gefühl, auch wenn ihr nun sicher dagegen haltet, dass sich vielmehr unsere beiden Familien durch die Heirat zusammengeschlossen haben. Das ist natürlich ebenfalls richtig, aber im Augenblick der Trauung dachten wir nur daran, dass wir beide nun eine Familie sind. Ich hoffe, ihr versteht das richtig!

Jedenfalls haben wir nun unsere Sprache wiedergefunden. Das wurde ja auch Zeit – sonst hätten wir diese Rede nicht halten können. Aber schließlich wollen wir uns noch ganz herzlich bei euch für die schönen Geschenke und eure lieben Glückwünsche bedanken.

Aufforderung zum Feiern

Lasst uns deshalb jetzt ausgiebig feiern, denn wir haben nicht die Absicht, so bald wieder zu heiraten.

Reden zur zweiten oder weiteren Eheschließung

Ansprache des Sohns des Bräutigams bei der Hochzeit eines älteren Paares

Anlass der Rede	*Heirat des Vaters*
Redezeit	*Fünf bis sieben Minuten*
Redestil	*Feierlich*

Liebe Karla, lieber Vater, liebe Familie und Freunde,

Hinweis, wie ungewöhnlich es ist, dass ein Sohn zur Hochzeit des Vaters spricht

es kommt wahrscheinlich nicht so häufig vor, dass ein Sohn zur Hochzeit seines eigenen Vaters eine Rede halten kann. In der Regel sind noch keine Kinder auf der Welt oder sie sind noch nicht alt genug, um eine Ansprache zu halten, wenn ihr Vater heiratet. Auch ich habe zunächst gezögert, als mein Vater mich bat, zu seiner Eheschließung ein paar Worte zu sagen. Schließlich sollte Karla den Platz an seiner Seite einnehmen, der bis vor einigen Jahren meiner verstorbenen Mutter vorbehalten war. Ich war – wie ihr euch vorstellen könnt – zunächst einmal skeptisch und, ich gebe es nur ungern zu, auch ein wenig eifersüchtig.

Anfängliche Skepsis

Rasche Meinungsänderung

Doch ich änderte meine Meinung rasch, als ich sah, wie glücklich ihr miteinander seid. Ich habe dich, Vater, schon lange nicht mehr so fröhlich, gutgelaunt und lebensfroh erlebt wie an Karlas Seite. Du bist förmlich aufgeblüht. Und auch dir, Karla, scheint mein Vater nicht schlecht zu bekommen. Als du mir neulich dein Alter genannt hast (das ich hier selbstverständlich nicht verrate), war ich doch sehr erstaunt, denn ich hatte dich tatsächlich um einiges jünger geschätzt.

Ich konnte also nicht übersehen, dass ihr beiden euch gegenseitig gut tut. Und dann habe ich mir überlegt, dass es mehr als unfair von einem Sohn wäre, seinem Vater sein Glück nicht zu gönnen. Schließlich erwarte ich von meinem Vater ebenfalls, dass er meine Entscheidungen nicht nur akzeptiert, sondern sie auch gutheißt, wenn er feststellt, dass ich glücklich damit bin.

Als ihr dann auch noch von euren Plänen berichtet habt, konnte ich nur noch staunen. Genauso habe ich mir mein Pensionsalter vorgestellt, hätte aber nie gedacht, dass du, Vater, ähnliche Träume haben könntest. Es ist eine Schande, dass ein Sohn sich so in seinem Vater verschätzt wie ich. Ich hätte dich ja auch einmal fragen können, was du gerne machen würdest. Statt dir zuzuhören, habe ich dir nur von mir erzählt und du hast immer interessiert gelauscht. Ein ganz schön egoistischer Sohn bin ich, das muss man schon sagen!

Aber nun zurück zu euren gemeinsamen Plänen: Ihr habt mir erzählt, dass ihr längere Reisen in Länder vorhabt, in denen ihr noch nie wart, und dass ihr auch gerne einmal den Winter in wärmeren Regionen verbringen möchtet. Tanzen wollt ihr gehen, neue Leute kennen lernen und euer Leben genießen. Was wäre ich für ein Sohn, wenn ich dagegen etwas einzuwenden hätte? Im Gegenteil: Ich freue mich darüber, dass ihr beide noch lange nicht daran denkt, zum alten Eisen zu gehören, und werde euch unterstützen, so gut ich kann. Ich hoffe, ihr verzeiht mir noch einmal, dass ich zunächst so skeptisch reagiert habe. Aber ihr wisst ja: Kinder sind häufig zunächst gegen die Entscheidungen ihrer Eltern, bis sie feststellen, dass die Eltern doch Recht haben.

Wünsche für die Zukunft

Ich wünsche euch, liebe Karla, lieber Vater, dass ihr noch möglichst viele Jahre gemeinsam in Gesundheit verbringen könnt. Ich möchte nun mit euch darauf anstoßen, dass all eure gemeinsamen Träume in Erfüllung gehen. Auf euch!

Rede der Tochter der Braut bei der Hochzeit eines älteren Paares

Anlass der Rede *Heirat der Mutter*
Redezeit *Etwa fünf Minuten*
Redestil *Feierlich*

Liebe Mutter, lieber Hans,

vielleicht kennt ihr folgenden Ausspruch von Arthur Schnitzler: „Bereit sein ist viel, warten können ist mehr, doch erst den rechten Augenblick nützen ist alles." Ich habe das Gefühl, ihr habt heute den Augenblick genutzt, auf den ihr bereits einige Zeit gewartet habt – ihr habt es gewagt, zum zweiten Mal zu heiraten.

Passendes Zitat zur Eheschließung

Von dir, Mutter, wusste ich ja bereits, dass du eine unverbesserliche Optimistin bist, und glaub´ bitte nicht, dass ich das negativ meine – ganz bestimmt nicht. Selbst nachdem du dich vor Jahren von deinem ersten Mann getrennt hast, hast du nicht aufgegeben an die Liebe zu glauben. Und du hattest Recht. Schließlich bist du nach einiger Zeit Hans begegnet, der ebenfalls schon eine Ehe hinter sich hatte. Ihr habt euch zwar zunächst vorsichtig aneinander herangetastet, doch nach einiger Zeit war euch klar, dass ihr jemanden gefunden habt, mit dem ihr einen neuen Eheversuch starten wolltet.

Positive Bewertung, dass beide Partner schon Erfahrung mit der Ehe haben

Warum auch nicht? Schon der Schriftsteller Peter Tille sagte: „Es gibt keine unnützen Erfahrungen, nur ungenutzte." Aus eurer ersten Eheerfahrung habt ihr beide etwas gelernt: wie man eine Ehe nicht führen sollte. Ich bin mir sicher, dass ihr nicht noch einmal dieselben Fehler macht. Natürlich weiß ich, dass es für keine Ehe eine Bestandsgarantie gibt, aber ihr bringt zumindest die besten Voraussetzungen dafür mit, dass sie hält.

Ich glaube auch, ihr hättet auf diese Heirat verzichtet, wenn ihr eurer Sache nicht ziemlich sicher gewesen wärt.

Deshalb habe ich auch überhaupt keine Bedenken meine Mutter wieder verheiratet zu sehen. Manche Kinder haben ja Probleme damit, wenn ihre Eltern nach der ersten Ehe erneut heiraten. Außerdem hat sie mit Hans den besten Ehemann bekommen, den man sich für seine Mutter wünschen kann. Daher hoffe ich, dass der zweite Versuch gleichzeitig der – im besten Sinne – letzte gewesen sein wird. Ich gratuliere euch ganz herzlich zu eurem Entschluss, euer Leben miteinander zu teilen, und wünsche euch das Allerbeste für eure Ehe.

Glückwünsche

Ein Freund des Bräutigams spricht

Anlass der Rede	*Zweite Heirat des Freundes*
Redezeit	*Fünf bis sieben Minuten*
Redestil	*Eher heiter*

Liebe Franziska, lieber Clemens,

Aufzählung berühmter Personen, die sich scheiden ließen und wieder heirateten

Elizabeth Taylor hat es getan, Marilyn Monroe ebenfalls, genauso Pablo Picasso und Mick Jagger: Sie haben nicht nur einmal, sondern mehrmals geheiratet. Ihr, oder besser du, Clemens, reiht euch nun in diese illustre Gesellschaft ein. Clemens hat schließlich bereits eine Ehe hinter sich. Nun traut er sich, sich noch einmal trauen zu lassen.

Du musst schon etwas Besonderes sein, Franziska. Denn bevor er dich kennen lernte, hat Clemens mir immer gesagt, er würde ganz bestimmt kein zweites Mal heiraten. Nach seiner Scheidung war sein Lieblingsausspruch zur Ehe ein Satz des ebenfalls geschiedenen Schauspielers und Regisseurs Woody

Allen: „Die Ehe ist der Versuch zu zweit mit den Problemen fertig zu werden, die man alleine niemals gehabt hätte."

Wenn Clemens eine Frau kennen lernte und sie ihm gegenüber das Wort Heirat auch nur in einem Nebensatz erwähnte – schwupps, weg war er! Doch nachdem er dich getroffen hatte, Franziska, war plötzlich alles anders. Vielleicht auch, weil du dich ihm gegenüber zunächst sehr abweisend verhalten hast. Das hat vermutlich seinen Ehrgeiz angestachelt. Jedenfalls war Clemens auf einmal vollkommen verändert. Er sprach von kaum etwas anderem als von dir. Leicht war diese Zeit mit ihm nicht, wie du dir vorstellen kannst. Daher war ich froh, als du endlich eingewilligt hast ihn zu heiraten.

Begründung, warum die zweite Ehe besser werden muss als die erste

Während es für Clemens schon die zweite Ehe ist, ist es für dich, Franziska, die erste. Vielleicht ist es ganz gut, dass Clemens bereits ein wenig Erfahrung mit dem Eheleben hat. So wird er hoffentlich einige Fehler nicht wiederholen. Zwar sagte Kurt Tucholsky einmal: „Erfahrung heißt gar nichts. Man kann eine Sache auch 35 Jahre schlecht machen", aber dennoch bin ich sicher, dass du es leichter haben wirst als seine erste Frau, denn ein wenig zahmer als damals ist er heute schon. Und schließlich liegt ihm sehr viel an eurer Partnerschaft.

Tipps für eine gute Ehe

Und dir, alter Freund, kann ich nur eines mit auf den Weg in deine zweite Ehe geben: Denk immer an unseren gemeinsamen Wahlspruch von Hermann Hesse: „Damit das Mögliche entsteht, muss immer wieder das Unmögliche versucht werden." Das Mögliche ist in diesem Fall eine glückliche Ehe; das – zumindest auf den ersten Blick – Unmögliche besteht darin, dich ein wenig im Zaum zu halten, nicht immer nur das zu tun, was du möchtest, sondern häufiger auf deine Frau zu hören und ihre Wünsche zu beachten.

Letzter Tipp für den bereits einmal geschiedenen Ehemann

Zum Schluss noch eine Weisheit des ehemaligen britischen Premierministers Benjamin Disraeli, die vor allem auf dich gemünzt ist, Clemens: „Das Geheimnis des Erfolges ist die Beständigkeit des Ziels." Wenn du also das Ziel nicht aus den Augen verlierst, mit Franziska eine gute Ehe zu führen, und dauerhaft darauf hinarbeitest, wird der Erfolg sich schon einstellen. Dasselbe gilt natürlich auch für dich, Franziska. Lasst uns darum auf euer gemeinsames Ziel anstoßen: Auf dass eure Ehe für euch beide zum Erfolg werde!

Rede eines Trauzeugen

Anlass der Rede	*Gratulation des Trauzeugen zur Wiederverheiratung*
Redezeit	*Etwa fünf Minuten*
Redestil	*Heiter, feierlich*

Liebe Karin, lieber Gerd,

Bezugnahme auf die zweite Ehe

Trauzeuge zu sein, das ist immer eine besondere Ehre, Trauzeuge bei einer Eheschließung zu sein, bei der die Partner zum zweiten Mal heiraten, noch dazu eine große Verantwortung. Schließlich hofft man als Trauzeuge immer, dass die Ehe hält – bei der zweiten Heirat wünscht man sich das natürlich umso mehr. Bei euch beiden habe ich allerdings keine großen Bedenken. Ihr habt euch gesucht und gefunden. Und von Karin bin ich es gewohnt, dass ihr vieles erst im zweiten Anlauf gelingt, dann aber viel besser als den meisten anderen Menschen.

Bericht über die Dinge, die dem einen Partner erst im zweiten Anlauf gelangen

Das fing schon damals an, als wir noch Kinder waren: Im Schwimmunterricht sollten wir eine Strecke innerhalb einer bestimmten Zeit zurücklegen. Karin fürchtete von vornherein, sie würde es nicht schaffen. Und tatsächlich: beim ersten Mal klappte es auch nicht. Jetzt war allerdings Karins Ehrgeiz angestachelt. Sie überredete den Sportlehrer ihr eine zweite Chance zu geben. Als sie die Strecke nun zurücklegte, erzielte sie die zweitbeste Zeit der ganzen Klasse.

Mit dem Schulabschluss war es ähnlich: Ihre schlechten Noten zwangen Karin dazu, das vorletzte Schuljahr zu wiederholen. Dann aber machte sie einen der besten Schulabschlüsse ihrer Klassenstufe.

Zuversichtliche Aussichten für die Zukunft

Ob es wohl mit ihrer zweiten Ehe genauso sein wird? Bei allem, was ich bislang mit Karin erlebt habe, glaube ich ganz fest daran, dass der zweite Versuch erfolgreich sein wird. Und mit dir, Gerd, hat sie den richtigen Partner gefunden. Ihr habt gleiche Vorlieben, fast identische Interessen und einen ähnlichen Humor. Ihr könnt euch über dieselben Dinge freuen, aber auch aufregen. Ihr schwimmt sozusagen auf der gleichen Wellenlänge. Und wie ich Karin kenne, wird sie alles daran setzen, dass ihre zweite Ehe glücklich wird!

Reden weiterer Gratulanten

Der Chef hält eine Rede

Anlass der Rede	*Heirat einer Mitarbeiterin*
Redezeit	*Etwa fünf Minuten*
Redestil	*Förmlich*

Sehr geehrte Frau Schwarz,

Gratulation und Übergabe eines Blumenstraußes

im Namen aller Kolleginnen und Kollegen gratuliere ich Ihnen herzlich nachträglich zu Ihrer Heirat. Wir hoffen, dass Sie eine schöne Feier hatten und möchten Ihnen als kleine Aufmerksamkeit diesen Blumenstrauß überreichen.

Bedeutung der Hochzeit für die Firma

So eine Hochzeit erregt in einem mittelgroßen Betrieb wie unserem immer noch Aufsehen – schließlich kommt es nicht alle Tage vor, dass jemand aus unseren Reihen heiratet. Zum Glück fällt solch ein Ereignis in unserer Firma noch auf, denn nichts fände ich schlimmer, als wenn die Firmenleitung keinen Anteil mehr an den wichtigsten Tagen im Leben ihrer Mitarbeiter nehmen würde. Und bei Ihnen, Frau Schwarz, ist mit Ihrer Heirat gleichzeitig eine Namensänderung verbunden. Einige von uns werden sich vermutlich noch an Ihren neuen Namen gewöhnen müssen. Wahrscheinlich werden Sie auch noch eine Zeit lang häufiger mit Ihrem alten Namen angesprochen werden. Ich hoffe, das macht Ihnen nicht allzuviel aus, denn über kurz oder lang werden sich alle Ihren neuen Namen eingeprägt haben – so schwierig ist er ja nicht. Und die Kollegen, die Sie mit Vornamen ansprechen – und das sind in unserer Firma ja doch einige –, haben sowieso keine Probleme.

So, dann will ich meine Rede nicht zu lang machen, schließlich wollen Ihre Kollegen Ihnen auch noch eine Kleinigkeit überreichen, wie ich gehört habe. Und ich will Sie nun nicht länger auf die Folter spannen. Sie sollen allerdings noch wissen, dass wir uns natürlich sehr mit Ihnen freuen und Ihnen alles Gute für Ihre gemeinsame Zukunft mit Ihrem Ehemann wünschen. Eines noch: Ich hoffe, Sie bleiben unserem Betrieb auch als Frau Schwarz noch möglichst lange erhalten.

Wünsche für die Zukunft

Gratulation der Kollegen

Anlass der Rede	*Heirat eines Kollegen*
Redezeit	*Drei Minuten*
Redestil	*Fröhlich*

Lieber Christian,

wir, deine Kolleginnen und Kollegen, gratulieren dir zu deiner Hochzeit ganz herzlich. Du hattest ja nun schon einige Tage Zeit dich an dein neues Leben als Ehemann zu gewöhnen und wir gehen davon aus, dass du uns nicht allzu sehr vermisst hast. Nun hat dich der Alltag wieder. Damit dir der Einstieg in die Arbeit leichter fällt, möchten wir dir hiermit ein kleines Geschenk für dich und deine Frau überreichen. Und damit du aus dem Feiern nicht ganz herauskommst, haben wir noch eine Flasche Sekt besorgt, um mit dir auf deine Heirat anzustoßen.

Gratulation

Überreichung eines Geschenks

In jedem Fall wünschen wir dir, lieber Christian, alles Liebe und Gute zu deiner Heirat, und dass es dir und deiner Frau gelingt, all eure gemeinsamen Träume zu verwirklichen und eure Ziele zu erreichen. Vergiss darüber aber deine Arbeit und deine Kollegen nicht ganz, denn wir brauchen dich hier noch!

Glückwünsche

Kurze Tisch- und Begrüßungsreden

Rede des Brautvaters

Anlass der Rede	*Heirat der Tochter*
Redezeit	*Drei bis fünf Minuten*
Redestil	*Mischung aus amüsanter und feierlicher Rede*

Liebe Anne, lieber Sven, liebe Freunde,

Vergleich der Ehe mit einer Reise

die Ehe ist wie eine lange Reise. Man fährt voller Freude und Erwartungen los. Doch bald kommen die ersten Schwierigkeiten auf einen zu: Da ist zum Beispiel der Koffer nicht am Urlaubsort angekommen oder das Wetter entspricht nicht den Vorstellungen. Damit der Urlaub dennoch zum Erfolg wird, darf man diese kleineren und größeren Probleme möglichst nicht zu ernst nehmen, sondern sollte versuchen das Beste daraus zu machen.

Genauso ist es mit der Ehe. Das Zusammenleben, das am Anfang so rosig erschien, wird bei vielen nach und nach zur Gewohnheit und es stellen sich im Alltag Probleme ein, an die man vor der Heirat nie und nimmer gedacht hätte. Nun liegt es an euch, ob diese Schwierigkeiten größer werden oder sich verringern. Mit Humor, Vertrauen und Toleranz dem anderen gegenüber ist es leichter, auftretende Probleme zu überwinden oder ihre Entstehung sogar zu verhindern. Das Wichtigste jedoch ist: Vergesst nie, warum ihr geheiratet habt – aus Liebe.

Tipps für eine glückliche Ehe

Wenn ihr daran denkt, fällt es leichter, auch einmal ein böses Wort zu schlucken, statt es auszusprechen.

Trinkspruch

Lasst uns nun darauf anstoßen, dass der heutige Tag der Beginn einer schönen, langen Ehe für euch, Anne und Sven, ist.

Rede der Brautmutter

Anlass der Rede	*Heirat der Tochter*
Redezeit	*Drei bis fünf Minuten*
Redestil	*Fröhlich*

Liebe Steffi, lieber Dirk, liebe Gäste,

Kurze Vorstellung der Rednerin

traditionell hält zwar der Brautvater eine Begrüßungsrede zur Hochzeit seiner Tochter, aber bei uns habe ich, die Mutter der Braut, den Part des Redners oder besser der Rednerin übernommen.

Begrüßung der Gäste

Liebe Freunde, ich freue mich, dass ihr alle zur Hochzeit von Steffi und Dirk gekommen seid, um gemeinsam mit den beiden ihren neuen Lebensabschnitt zu beginnen. Ihr wisst ja, dass es immer leichter ist, etwas Neues anzufangen, wenn man den Weg nicht ganz allein gehen muss. Und so eine Heirat ist immerhin ein bedeutsamer Schritt ...

Wünsche für ein schönes Hochzeitsfest

Andererseits ist eine Hochzeit vor allem ein Grund zum Feiern. Und dazu sind wir ja heute hier zusammengekommen. Lasst uns Steffi und Dirk eine Hochzeitsfeier bereiten, die sie nie vergessen werden! Und nun will ich euch auch gar nicht länger auf die Folter spannen, sondern euch viel Spaß und guten Appetit wünschen. Lasst uns jetzt auf Steffi und Dirk anstoßen und darauf, dass ihr gemeinsames Leben genauso schön wird wie diese Hochzeitsfeier.

Rede des Vaters des Bräutigams

Anlass der Rede	*Heirat des Sohnes*
Redezeit	*Drei bis fünf Minuten*
Redestil	*Heiter*

Liebe Carola, lieber Steffen, liebe Freunde,

Stoßseufzer des Vaters

ach, was bin ich froh – die wilde Zeit unseres Sohnes ist endlich vorüber. Ich danke dir, Carola, dass du Steffen eingefangen und gezähmt hast. Wie du es gemacht hast, weiß ich nicht, aber das müssen Väter ja auch gar nicht wissen.

Eingehen auf den Sohn

Du, Steffen, scheinst mit deiner Situation jedenfalls überaus zufrieden zu sein, wie man unschwer an deinem breiten Grinsen, mit dem du hier am Tisch sitzst, erkennen kann. Und sogar der Ring am Finger scheint dich überhaupt nicht zu stören, obwohl du Heiraten früher immer als absolut „uncool" bezeichnet hast. Tja, mir scheint, die „coolen" Zeiten hast du ein für allemal hinter dich gebracht. Deine Mutter und ich können nun endlich aufatmen und mit dir wieder wie mit einem normalen Menschen reden.

Wünsche für die Zukunft

Wir wünschen euch beiden trotzdem, dass ihr zusammen eine „coole" Zeit habt, immer so gut miteinander zurechtkommt wie heute und auf keinen Fall euren Sinn für Humor verliert! Zum Wohl!

Rede der Mutter des Bräutigams

Anlass der Rede *Heirat des Sohnes*
Redezeit *Drei bis fünf Minuten*
Redestil *Erzählend*

Liebe Margit, lieber Thomas,

Zitat zur Liebe

zwar hat Robert Lembke einmal gesagt: „Wenn die Menschen sagen, sie hätten ihr Herz verloren, ist es meistens nur der Verstand", doch bei euch beiden habe ich nicht den Eindruck, dass euch der Verstand abhanden gekommen ist. Und das, obwohl ihr glaubhaft gemacht habt, euer Herz aneinander verloren zu haben. Ich gehe einfach davon aus, dass ihr die glorreiche Ausnahme von dieser Regel seid.

Über den Entschluss, zu heiraten

Ihr habt euch ja auch Zeit gelassen mit eurer Entscheidung zu heiraten. Das hat mir sehr gefallen, denn so habt ihr beiden erst einmal erprobt, ob ihr überhaupt zueinander passt. Erst als ihr sicher wart, dass ihr auch weiterhin zusammenbleiben wollt, habt ihr den festen Entschluss gefasst aufs Standesamt zu gehen. Und heute ist es endlich soweit – wir können eure Hochzeit feiern! Darum lasst uns alle das Glas erheben und darauf trinken, dass Margit und Thomas ihren Entschluss niemals bereuen werden und auch in Zukunft so positive Entscheidungen fällen werden wie diese.

Trinkspruch

Ansprachen zur silbernen Hochzeit

Rede des Sohnes

Anlass der Rede	*Silberne Hochzeit der Eltern*
Redezeit	*Sieben bis zehn Minuten*
Redestil	*Heiter, feierlich*

Liebe Eltern,

Vergleich der 25 Ehejahre mit dem eigenen Lebensalter

wir feiern heute mit euch eure silberne Hochzeit. Man muss sich das einmal überlegen – das ist ein Vierteljahrhundert, das ihr gemeinsam verbracht habt, mehr als meine gesamte Lebenszeit.

Allerdings hattet ihr damals ja auch einen Anlass zu heiraten: mich. Man kann leicht errechnen, in welchem Monat du mit mir schwanger gewesen sein musst, Mutter, denn drei Monate nach eurer Heirat kam ich zur Welt. Auf euren Hochzeitsfotos ist erstaunlicherweise nichts von deiner Schwangerschaft zu erkennen, vielleicht weil du dir deinen Brautstrauß immer vor deinen Bauch gehalten hast. Aber trotzdem: Ich mag wohl der Anlass für eure Hochzeit gewesen sein, der eigentliche Grund war ich mit Sicherheit nicht. Das war dann doch die Liebe, denn erstens hättet ihr es sonst nicht so lange miteinander ausgehalten und zweitens wäre ich nicht in so einer liebevollen Atmosphäre aufgewachsen.

Ich kann mich nicht daran erinnern, dass ihr beiden einmal einen größeren Krach miteinander gehabt hättet. Natürlich gab es immer wieder kleinere Streitereien und auch heftige Dispute, aber die waren meist nach kurzer Zeit wieder vorbei. Über einen längeren Zeitraum konnte keiner von euch böse auf den anderen sein. In euren Streits ging es in der Regel nur um Kleinigkeiten, zum Beispiel welches Jackett zu welcher Hose Vater anziehen soll oder warum du, Mutter, statt Vaters Lieblingsgericht schon wieder Spaghetti gekocht hast. Wenn größere Entscheidungen anstanden, wart ihr jedoch fast immer einer Meinung, und wenn nicht, wurde ausgiebig darüber diskutiert, bis ihr zu einem Ergebnis kamt, das euch beide zufriedenstellte.

Bericht über das gemeinsame Leben des Ehepaares

In so einem Elternhaus aufzuwachsen ist – wie ihr euch sicher alle vorstellen könnt – schön. Es fiel mir daher auch nicht leicht, von Zuhause fortzugehen, doch irgendwann muss man seine Eltern ja auch wieder ihr eigenes Leben leben lassen. Im Gegensatz zu vielen anderen Eltern, die ihre Kinder vermissen, weil sie ihrem Partner nichts mehr zu sagen haben, fiel es meinen Eltern nicht schwer, ohne mich auszukommen. Sie hatten schließlich einander. Und seitdem ich weg bin, unternehmen sie sogar noch viel mehr gemeinsam als früher. Sie fahren häufig miteinander in Urlaub und da sind natürlich die zahlreichen Vereine, in denen beide Mitglied sind. Langweilig wird es ihnen nicht. Und schließlich haben sie seit einem Jahr ja auch noch ein erstes Enkelkind. Genau wie ich mir keine besseren Eltern vorstellen kann, gibt es wahrscheinlich keine besseren Großeltern. Mäxchen scheint sich bei euch jedenfalls genauso wohl zu fühlen wie bei uns, was mich schon ein wenig neidisch macht – schließlich bin ich der Vater.

Aber mal im Ernst: Ich bin froh, dass ihr meine Eltern seid und hoffe, dass ihr mindestens noch einmal ein Vierteljahrhundert lang genauso glücklich seid wie in den ersten 25 Jahren eurer Ehe. Darauf lasst uns alle nun anstoßen!

Dank an die Eltern und Wünsche für die Zukunft

Rede der Tochter

Anlass der Rede	*Silberne Hochzeit der Eltern*
Redezeit	*Sieben bis zehn Minuten*
Redestil	*Heiter, nostalgisch*

Liebe Mutter, lieber Vater, liebe Gäste,

Einordnung der Zeitspanne von 25 Jahren

was sind schon 25 Jahre verglichen mit dem Alter der Erde? Was sind 25 Jahre, wenn man sie gar mit dem Alter des Universums vergleicht? Eine unbedeutende Zeitspanne. Aber im Leben eines Menschen, das bei uns im Durchschnitt 76 Jahre dauert, sind 25 Jahre eine lange Zeit. Um genau zu sein sind 25 Jahre etwa ein Drittel der Zeitspanne, die ein Durchschnittsmensch zu leben hat. Und so lange, liebe Eltern, seid ihr heute verheiratet. Wenn das kein Grund zum Feiern ist...

Vor 27 Jahren, so habt ihr mir zumindest erzählt, seid ihr euch zum ersten Mal begegnet. Das war eine verrückte Zeit damals, habt ihr mir gesagt. Die sogenannte sexuelle Revolution war gerade im Gange und es war schrecklich unmodern, seiner Freundin oder seinem Freund treu zu sein oder – schlimmer noch – sie oder ihn zu heiraten. Das hat euch anscheinend nichts ausgemacht. Ihr habt zwar noch nicht gleich geheiratet, nachdem ihr euch kennen lerntet, aber ihr wusstet zumindest schon, dass ihr den Mann beziehungsweise die Frau eures Lebens getroffen habt. Und wer kann das von sich schon mit Sicherheit sagen?

Bericht von der eigentlichen Heirat

Ein wenig hat es sich noch hingezogen, doch nach zweijähriger Probezeit habt ihr dann doch Nägel mit Köpfen gemacht. Eure Hochzeit muss ziemlich verrückt gewesen sein. Du, Vater, wolltest keinesfalls mit einem Auto zur Kirche fahren, sondern musstest deinen Kopf durchsetzen und dein Motorrad nehmen. Nach eurer Trauung habt ihr euch auf das Motorrad gesetzt und seid davongebraust – in die Flitterwochen, denn eine konventionelle Hochzeit mit anschließender großer Feier habt ihr abgelehnt. Sehr zum Missfallen eurer Eltern, wie sie mir gesagt haben.

Viel Geld hattet ihr damals noch nicht, darum konntet ihr auch nur im Zelt übernachten. Manchmal habt ihr nur unter den Sternen geschlafen. Jedenfalls schwärmt ihr beiden noch heute davon. Und unterwegs muss es wohl irgendwann passiert sein: nach euren Flitterwochen stelltest du, Mutter, fest, dass du ein Kind bekommst. Das war ich.

Tja, und nun sind 25 Jahre vergangen und eigentlich seid ihr beiden immer noch so verrückt wie früher. Auch euer liebevoller Umgang miteinander hat sich – zumindest laut „Zeugenaussagen" – nicht verändert. Und dein altes Motorrad, Vater, moderte ebenfalls noch irgendwo im Keller vor sich hin. Zur Feier des Tages haben Freunde von mir es repariert. Es steht jetzt vor der Tür, damit ihr heute an eurem 25. Hochzeitstag noch einmal eine Ehrenrunde drehen könnt und euch an den Tag vor einem Vierteljahrhundert erinnert, an dem zwar nicht alles begann, aber seit dem ihr offiziell zueinander gehört. Ich hoffe, dass das Motorrad noch weitere 25 Jahre hält, damit ihr auch zu eurer goldenen Hochzeit noch einmal „losbrausen" könnt!

Überreichung eines Geschenks, das an den ersten Hochzeitstag erinnert

Rede der Schwiegertochter

Anlass der Rede	*Silberne Hochzeit der Schwiegereltern*
Redezeit	*Etwa fünf Minuten*
Redestil	*Feierlich*

Liebe Heidi, lieber Hermann,

Würdigung der 25jährigen Ehedauer

wenn man den Statistiken glauben darf, wird heute in Deutschland mindestens jede vierte Ehe geschieden. Da ist es dann schon fast ein kleines Wunder, wenn ein Ehepaar es 25 Jahre miteinander aushält. Ihr, Heidi und Hermann, habt es geschafft – heute feiert ihr eure silberne Hochzeit.

Ich bin ja erst vor einigen Jahren zu eurer Familie hinzugestoßen, doch auch ich habe gleich gemerkt, dass ihr beiden etwas ganz Besonderes seid. Ihr strahlt solch eine Wärme aus, dass man sofort merkt, wie gut ihr euch versteht. Natürlich war ich – schon in eigenem Interesse – neugierig, wie man es schafft, ein Vierteljahrhundert lang eine glückliche Ehe zu führen. Euer Rezept will ich nun auch den übrigen Gästen verraten und zur Nachahmung empfehlen.

Rezept des Ehepaares für eine glückliche Ehe

Man nehme eine große Menge Liebe und vermische sie mit einer gehörigen Portion Freundschaft. Auf keinen Fall vergessen werden darf aber auch eine Prise Unabhängigkeit, denn gewisse Freiheiten muss sich jeder Mensch bewahren. Hinzu kommt ein Meßbecher voll mit Toleranz, Humor, Treue, Vertrauen und Verständnis. Natürlich muss man auch darauf achten, dass die Mischung stimmt. Die körperliche Anziehungskraft darf selbstverständlich ebenfalls nicht fehlen. Das Schwierigste ist selbstverständlich eine Ehe über viele Jahre zu führen. Zwischendurch gibt es immer mal wieder Krisen, das ist ganz normal. Man muss nur wissen, was man will. Wenn man sich sicher ist, dass man mit dem Partner weiterhin zusammenleben will, auch wenn es einmal nicht so gut läuft, dann gelingt es, die Krise zu überwinden. Dazu gehört natürlich, dass die Partner gemeinsam an einem Strang ziehen, um das Problem zu lösen. Das kann manchmal ziemlich anstrengend sein. Doch wenn man nicht so schnell aufgibt, meistert man auch die verfahrensten Situationen.

Ich glaube, ihr stimmt mir alle zu: Die Tipps von Heidi und Hermann haben Hand und Fuß. Allerdings ist es natürlich immer noch leichter gesagt als getan, 25 Jahre glücklich verheiratet zu sein. Ich werde mir dennoch das Rezept der beiden zu Herzen nehmen und es auf meine eigene Ehe anwenden.

Wünsche für die Zukunft

Euch beiden wünsche ich, dass ihr eure Tipps auch weiterhin beherzigt, so dass wir in einigen Jahren hier eure goldene, eure diamantene und vielleicht sogar noch eure eiserne Hochzeit feiern können.

Ansprache eines Bruders des Ehemanns

Anlass der Rede	*Silberne Hochzeit des Bruders*
Redezeit	*Etwa zehn Minuten*
Redestil	*Feierlich, amüsant*

Stoßseufzer, wie schnell die Jahre verfliegen

Kinder, wie die Zeit vergeht! Da haben wir uns doch erst gestern, so scheint es mir jedenfalls, in ähnlicher Zusammensetzung getroffen, um eure Hochzeit, liebe Dorothee, lieber Jochen, zu feiern, und doch liegen mittlerweile ganze 25 Jahre zwischen heute und eurem ersten Hochzeitstag. Ich kann es noch gar nicht richtig glauben. Nun feiern wir das sogenannte Silberpaar, obwohl noch kein Anflug von silbrigem Glanz in eurem Haar zu entdecken ist.

Dass ihr so jung geblieben seid, das macht wahrscheinlich die Liebe. Ihr habt selbst schwierige Situationen gemeistert, indem ihr immer fest zusammengehalten habt. Aber von den Schwierigkeiten soll heute nicht die Rede sein, wir wollen schließlich feiern und nicht grübeln. Vielleicht sollten wir stattdessen ein wenig in Dorothees und Jochens Zukunft gucken? Ich habe mir ein wenig ausgemalt, wie ihre Geschichte nach dem 25. Hochzeitstag weitergeht.

Schilderung der Zukunft des Silberpaares

Liebe Dorothee, lieber Jochen, ihr seid jetzt im besten Alter. Ihr müsst euch nichts mehr beweisen, denn ihr habt schon fast alles erreicht, was man sich nur wünschen kann. Die Kinder sind – bis auf Christine, euer Nesthäkchen – aus dem Haus, so dass euch neben eurer Arbeit genug Zeit bleiben müsste, euch auf das Wesentliche zu konzentrieren: auf euch. Es wäre schön, wenn ihr nun gemeinsam eure geliebten Spaziergänge und Wanderungen machen könntet, vielleicht auch einmal Zeit für den Besuch einer schönen Kunstausstellung hättet oder wenn ihr einfach nur gemeinsam faulenzen könntet. Aber ich bin mir sicher, euer Leben verläuft nicht so geruhsam, wie ich es gerade geschildert habe. Schließlich kündigt sich bei eurem ältesten Sohn bald Nachwuchs an. Und ihr habt schon gesagt, dass ihr euch gern um euer Enkelkind kümmern wollt, wenn seine Eltern keine Zeit haben. Dann sind da ja auch noch meine Kinder, die immer gern bei euch einfallen, denn schließlich ist es bei euch immer so gemütlich. Einen Hund wollt ihr euch ebenfalls noch anschaffen. Schon sind die freien Stunden wieder mit ausreichend Trubel gefüllt. Vielleicht ist es aber auch gerade das, was euch jung hält. Man sagt ja, dass aktive Menschen viel langsamer altern als die, die sich auf die faule Haut legen.

Ankündigung eines Geschenks

Aber um noch einmal auf eure Zukunft zurückzukommen: Ihr habt einen gemeinsamen Traum, den ihr euch unbedingt erfüllen möchtet. Ihr wollt gern noch einmal nach Venedig fahren, wo ihr eure Flitterwochen verbracht habt. Bislang ist euch immer etwas dazwischen gekommen. Mit euren Kindern habt ihr es vorgezogen, an die See zu fahren, weil sie sich sonst gelangweilt hätten, und hinterher habt ihr mit eurer Clique den Urlaub verbracht – jedoch nie in Venedig. Wir, eure Familie und eure Freunde, haben uns nun überlegt, dass es doch schön wäre, wenn ihr euch diesen Traum kurz nach eurer Silberhochzeit erfüllen könntet, um zu sehen, was sich in den 25 Jahren in Venedig verändert hat, und um die Gefühle von damals wieder aufzufrischen. Wir haben uns deshalb alle zusammengetan und statt die obligatorischen Blumen zu eurer Silberhochzeit zu besorgen, haben wir eine Reise nach Venedig gebucht. Zuvor haben wir natürlich mit euren Arbeitgebern gesprochen, ob sie euch Urlaub geben. Das klappte ganz unproblematisch. Es steht euch nichts mehr im Wege – ihr könnt nächste Woche losfahren, wenn ihr wollt. Wir haben vorsichtshalber noch geklärt, ob bei euch unaufschiebbare Termine anliegen, aber das ist wohl auch nicht der Fall.

Wünsche für die Zukunft

Wir hoffen, dass ihr, liebe Dorothee, lieber Jürgen, ganz viel Spaß in euren zweiten Flitterwochen haben werdet. Für eure weitere Zukunft wünschen wir euch viel Glück, Gesundheit und dass ihr weiterhin so ein gutes Team bleibt wie bisher. Auf euch!

Rede der Mutter der Ehefrau

Anlass der Rede	*Silberne Hochzeit eines Kindes*
Redezeit	*Etwa fünf Minuten*
Redestil	*Feierlich*

Liebe Kinder,

vielleicht kommt euch diese Anrede ein wenig merkwürdig vor, da ihr heute euer 25-jähriges Ehejubiläum feiert. Aber ihr bleibt nun einmal meine Tochter und mein Schwiegersohn. Ich

Freude über das 25-jährige Ehejubiläum der Tochter

freue mich, dass ich nicht nur eure Hochzeit miterleben konnte, sondern nun auch die Silberhochzeit mit euch feiern darf – nicht nur wegen meines Alters, sondern auch, weil ihr es in dieser kurzlebigen Zeit geschafft habt, gemeinsam 25 Ehejahre zu überstehen.

Üblich ist das schließlich nicht mehr. Man spricht heute mehr und mehr von Lebensabschnittsgefährten, weil die meisten Menschen nach wenigen Jahren wieder auseinandergehen. Ich bin da vermutlich noch etwas altmodisch: Ich finde es schön, wenn es einem Paar gelingt, lange Jahre zusammenzuleben. Es ist heute so modern geworden, lieber die ganze Beziehung infrage zu stellen, als gemeinsam etwas zu ändern. Da ist es eine richtige Wohltat, wenn man die silberne Hochzeit eines Paares feiern kann. Umso schöner ist es selbstverständlich, wenn sich die Partner so gut verstehen wie ihr es tut. Ich bin jedenfalls glücklich, dass ihr trotz aller Widrigkeiten, die in einem Eheleben so auf einen zukommen, zusammengehalten habt.

Hervorheben des guten Kontakts zwischen Eltern und Ehepaar

Froh bin ich auch, dass wir all die Jahre so guten Kontakt zueinander hatten. Ihr habt mir besonders in der schweren Zeit geholfen, als Vater starb. Hätte ich nicht die Unterstützung von euch beiden gehabt, ich hätte nicht gewusst, was ich tun soll. Ihr habt mich für einige Zeit bei euch aufgenommen, was sicherlich auch nicht selbstverständlich ist. Dafür möchte ich mich noch einmal ganz herzlich bei euch bedanken. Auch wenn ich sehe, welch gutes Verhältnis eure Kinder zu euch haben, bin ich richtig stolz auf euch. Man sieht, dass sie in einer intakten Familie aufgewachsen sind.

Wünsche für eine schöne Feier

Doch nun lasst uns eure Silberhochzeit zum Anlass nehmen gebührend zu feiern. Auf euer nächstes großes Ehejubiläum müssen wir schließlich noch 25 Jahre warten. Zum Wohl!

Rede eines damaligen Trauzeugen

Anlass der Rede *Silberne Hochzeit von Freunden*
Redezeit *Etwa fünf Minuten*
Redestil *Feierlich*

Liebe Astrid, lieber Günter,

Erinnerung an den Hochzeitstag

heute vor 25 Jahren standet ihr im Standesamt und ich durfte mit meiner Unterschrift eure Heirat bezeugen. Erinnert ihr euch? Ich gab euch damals einen Sinnspruch des französischen Schriftstellers André Maurois mit auf den Weg: „Die Ehe ist ein Bauwerk, das jeden Tag neu errichtet werden muss." Ihr müsst tatsächlich kontinuierlich an eurer Ehe gearbeitet haben, denn sonst hättet ihr die 25 Jahre nicht voll gemacht. Ich bin froh und stolz, dass ich mit meiner Unterschrift eine so dauerhafte und vor allem auch glückliche Ehe besiegeln durfte.

Grund, warum die Ehe seit 25 Jahren hält

Auch dass ich heute wieder bei euch sein kann, freut mich sehr. Der Kontakt zwischen uns ist nie abgebrochen, obwohl ihr zwischenzeitlich in eine andere Stadt gezogen seid. So konnte ich die Höhen, aber auch die Tiefen eurer Ehe, die es verständlicherweise auch gab, mitverfolgen. Was ich an euch beiden bewundere, ist die Kraft, immer wieder einen Kompromiss zu finden, wenn ihr unterschiedlicher Meinung seid. Dadurch konnten euch auch größere Differenzen, an denen andere Ehen schon längst gescheitert wären, nicht aus der Bahn werfen. Ich denke da zum Beispiel an die Meinungsverschiedenheit, die ihr zu Beginn eurer Ehe wegen eures Hausbaus hattet. Du, Astrid, warst der Ansicht, ihr könntet es euch noch nicht leisten, ein Haus zu bauen, Günter wollte jedoch unbedingt ein eigenes Domizil besitzen. Was habt ihr getan? Ihr habt euch ein älteres, kleines Haus gekauft, das billiger war, als wenn ihr gebaut hättet. Nach und nach habt ihr es dann so renoviert, wie ihr es haben wolltet. Jetzt lebt ihr schon über 20 Jahre darin und es ist inzwischen ein echtes Traumhaus geworden.

Ebenso ist mir an eurer Ehe aufgefallen, dass ihr einander immer vertraut habt. Selbst als Günter häufiger beruflich unterwegs sein musste, hast du, Astrid, nie daran gezweifelt, dass er dir treu ist. Ich muss sagen, dieser starke Glaube an den jeweils anderen hat mir sehr imponiert. Ich denke, diese zwei Eigenschaften – die Fähigkeit zum Kompromiss und das Vertrauen – sind zwei bedeutende Grundsteine eures Ehebauwerks.

Ausblick auf die goldene Hochzeit

Da Grundsteine nie eingerissen werden, bereite ich mich schon einmal seelisch darauf vor, eine weitere Rede, dann aber zu eurer goldenen Hochzeit zu halten.

Rede des Ehemanns

Anlass der Rede	*Eigene Silberhochzeit*
Redezeit	*Etwa sieben Minuten*
Redestil	*Feierlich, amüsant*

Liebe Freunde,

Begrüßung

heute sehe ich hier doch erstaunlich viele Gesichter, die ich schon bei unserer Hochzeit vor 25 Jahren erblickt habe. Ich freue mich, dass wir alle wieder zusammengekommen sind, um Erikas und meine Silberhochzeit zu feiern.

Vor einem Vierteljahrhundert hätte wohl keiner darauf gewettet, dass wir es so lange miteinander aushalten. Hätte man diese Wette bei einem Buchmacher eingereicht, wären diejenigen, die auf uns gesetzt hätten, heute vermutlich reich. Wir haben also alle Zweifler und Skeptiker eines Besseren belehrt.

Ihr könnt euch vorstellen, dass ich darauf stolz bin. Doch ich bin nicht nur stolz auf unsere dauerhafte Ehe, ich bin vor allem glücklich darüber, dass Erika und ich uns noch genauso lieben wie am ersten Tag. Ich glaube, das können nicht allzu viele Ehepaare nach 25 Jahren von sich behaupten.

Begründung der langen Ehe

Erika und ich haben uns lange überlegt, warum viele von euch damals eigentlich so skeptisch waren. Vielleicht, weil wir so überstürzt geheiratet haben – schließlich kannten wir uns erst einige Wochen lang. Vielleicht lag es aber auch daran, dass wir noch so jung waren. Doch bei uns hieß es nicht: „Früh gefreit, oft gereut", sondern „Früh gefreit, nie bereut". Mag sein, dass wir Glück hatten, sofort den Richtigen beziehungsweise die Richtige gefunden zu haben. Schließlich gibt es so viele Menschen, die nie einen Partner finden, mit dem sie über Jahre hinweg glücklich zusammenleben können. Vielleicht haben wir aber auch rein instinktiv zugegriffen, als das Glück vorbeiging. Wie auch immer es gewesen sein mag, ich bin froh darüber.

Jetzt habe ich unsere Ehe so gelobt, dass ihr euch bestimmt fragt: „Hatten die denn nie schlechte Zeiten?" Oh, doch, die gehören wahrscheinlich zu jeder Partnerschaft. Unsere vermutlich größte Krise hatten wir, als wir glaubten, wir könnten niemals Kinder haben. Und das, wo Erika und ich uns doch so sehr Kinder wünschten. Zum Glück sind wir an einen Arzt geraten, der unser Problem lösen konnte. Das Ergebnis sitzt vor euch. Ihr könnt bestimmt nachvollziehen, dass die Geburt von Elke zu den schönsten Momenten unserer Ehe gehörte.

Allerdings hatte diese Krise auch ihr Gutes: Die schwierige Situation, die wir gemeinsam durchlebt hatten, schweißte uns nur noch fester zusammen. Genauso ging es uns auch mit allen weiteren Problemen, die wir in all den Jahren gemeinsam überwinden mussten.

Wenn ihr uns nun fragt, ob wir einen Tipp geben können, wie man eine glückliche Ehe führt, kann ich euch nur einen nennen: Man muss immer mit dem anderen über seine Probleme, Ängste, aber auch über seine Zweifel sprechen. Nur dadurch erfährt der Partner, was in einem vorgeht. Wenn man all dies nicht mehr miteinander beredet, ist das der Tod jeder Beziehung.

Dank an Familie und Freunde

So, und nun möchte ich euch allen ganz herzlich danken, dass ihr heute mit uns feiern wollt. Ihr habt – ohne es vielleicht zu wissen – auch eine ganze Menge dazu beigetragen, dass unsere Ehe 25 Jahre lang gehalten hat. Ihr wart uns in vielen Momenten eine große Hilfe. Ich möchte euch daher dafür danken, dass ihr immer für uns da wart, wenn wir euch brauchten. Lasst uns nun gemeinsam auf die Liebe und die Freundschaft anstoßen, ohne die das Leben nur halb so schön wäre.

Ansprache der Ehefrau

Anlass der Rede	*Eigene Silberhochzeit*
Redezeit	*Fünf bis sieben Minuten*
Redestil	*Feierlich, berichtend*

Liebe Familie, liebe Freunde,

Die Ehejahre, umgerechnet in Stunden

wie schrieb der berühmte deutsche Dichter Friedrich von Schiller so schön? „Dem Glücklichen schlägt keine Stunde." Das mag zwar stimmen, aber andere zählen die Stunden, die beispielsweise ein glückliches Paar miteinander verbringt. So sind wir heute 219.000 Stunden verheiratet – die zusätzlichen Tage der Schaltjahre nicht mitgezählt. Wenn das nicht ein Grund zum Feiern ist!

219.000 Stunden haben mein Mann und ich nun schon gemeinsam verbracht – ich kann es selbst noch nicht so ganz glauben. Sicher, einen großen Teil dieser Zeit haben wir verschlafen und eine erhebliche Anzahl von Stunden haben wir im Büro gesessen, aber wenn man die Stunden zusammenrechnet, die wir wirklich zusammen waren, kommt man doch auf eine beträchtliche Summe. Es ist logisch, dass darunter einige Stunden nicht ganz so schön waren, doch die glücklichen Stunden überwiegen ganz entschieden. Aber ich glaube nicht, dass ich das vor euch zu betonen brauche, denn ihr kennt uns alle wirklich gut.

Dank an die Freunde

Ich muss euch im übrigen ganz herzlich danken, dass ihr immer für uns da wart und uns in so mancher schwierigen Situation geholfen habt. Besonders dir, Ina, meiner ältesten Freundin, bin ich zu Dank verpflichtet, denn wenn du nach Karens Geburt nicht auf die Kleine aufgepasst hättest, hätte ich mit dem Arbeiten aufhören müssen und wir wären in große finanzielle Schwierigkeiten geraten. Außerdem standest du mir immer mit gutem Rat zur Seite, wenn es mit Udo doch einmal Probleme gab. Ich weiß, dass es Udo mit seinem besten Freund Eckhart genauso geht, darum an dieser Stelle ein besonderer Dank an dich, Eckhart! Doch ich danke dir nicht allein um Udos Willen.

Du, Eckhart, warst es schließlich, der uns beide zusammengebracht hat. Man könnte sagen, du hast uns glatt verkuppelt. Warum du das gemacht hast, ist mir bis heute noch unklar. Jedenfalls hast du Udo erzählt, ich würde ihn mögen, und mir hast du gesagt, Udo fände mich besonders interessant. Ich weiß nicht, ob du wirklich geglaubt hast, dass aus uns beiden etwas werden würde. In jedem Fall sind Udo und ich uns aufgrund deiner „Vorinformation" mit einer sehr positiven Grundeinstellung begegnet. Nach einem halben Jahr waren wir dann verheiratet. Du warst natürlich Trauzeuge, Eckhart, denn wer so gut kuppeln kann, hat es verdient, dafür belohnt zu werden. Noch heute wundere ich mich, dass du keine Heiratsvermittlung, sondern einen Buchladen eröffnet hast. Was soll ich euch noch erzählen? Wie es dann weiterging, ist euch allen schließlich bekannt. Deshalb beende ich meine Rede nun, denn wer nicht aufhören kann zu sprechen, sollte es lieber lassen. Schon

Aufforderung zum Feiern

Montesquieu sagte einmal: „Was Rednern an Tiefe fehlt, ersetzen sie durch Länge.“ Und darauf will ich es nun wirklich nicht ankommen lassen. Ich danke euch allen noch einmal recht herzlich, dass ihr gekommen seid, und wünsche euch, dass ihr euch gut amüsiert!

Die Ehefrau spricht zum Ehemann

Anlass der Rede	*Eigene Silberhochzeit*
Redezeit	*Etwa fünf Minuten*
Redestil	*Heiter, besinnlich*

Lieber Reinhard,

Stoßseufzer der Ehefrau

ganz leicht hatte ich es ja nicht immer mit dir. Aber trotz aller Widrigkeiten haben wir heute die 25 Jahre voll gemacht. Und darüber freue ich mich sehr.

Aufzählung der schlechten und der guten Eigenschaften des Ehemanns

Aber es war schon manchmal zum Haareraufen. Wenn etwas auf dich zutrifft, lieber Reinhard, dann ist es ein Ausspruch des berühmten Regisseurs Orson Welles. Er lautet: „Männer brauchen Frauen um sich, sonst verfallen sie unaufhaltsam der Barbarei.“ Und wirklich: Wenn du allein bist, versinkt alles um dich herum sofort im Chaos. Ich weiß auch nicht, wie du das machst, aber du hast ein Händchen dafür, einen Raum, in dem du dich aufhältst, innerhalb von fünf Minuten zu verwüsten. Manchmal glaube ich, wenn ich nicht gewesen wäre, wärst du in deiner Wohnung in wenigen Tagen an der Unordnung erstickt.

Auch das Durcheinander, das in deinen Geschäftsunterlagen und bei deinen Terminen herrschte, brachte mich manchmal zur Weißglut. Ich glaube, wenn ich nicht auch da ein wenig

Ordnung hineingebracht hätte, hättest du manchmal – überspitzt ausgedrückt – deinen Kopf zu Hause vergessen.

Aber ich muss ganz ehrlich sagen, dieses ganze Chaos habe ich gern in Kauf genommen. Denn schließlich überwiegen doch deine guten Seiten. Kein anderer Mann ist so gefühlvoll und steckt so voller Überraschungen wie du. Ich erinnere mich noch an den einen Tag vor 20 Jahren, als du morgens zu mir sagtest: „Komm', pack deine Sachen, wir fahren nach Paris!" Ich war irritiert und fragte, ob du gar nicht arbeiten musst. Da hast du mir geantwortet, dass du dir extra Urlaub genommen hast, weil du mit mir unseren Hochzeitstag (den ich glatt vergessen hatte) in Paris verbringen wolltest. Von diesen Beispielen gibt es viele. Außerdem habe ich noch nie einen so guten Vater gesehen wie dich.

Hoffnung auf weiteres gutes Zusammenleben

Reinhard, trotz all der Schwierigkeiten: Ich würde dich niemals gegen einen anderen Mann eintauschen wollen. Stattdessen hoffe ich, dass es uns auch in den nächsten Jahren weiter so gut geht wie bisher. Auf dich!

Reden zur goldenen Hochzeit

Rede eines Sohnes

Anlass der Rede	*Goldene Hochzeit der Eltern*
Redezeit	*Etwa zehn Minuten*
Redestil	*Feierlich*

Liebe Eltern,

Hochachtung vor der Leistung, 50 Jahre verheiratet zu sein

war euer 25. Hochzeitstag schon ein Grund zum Feiern, ist es euer 50. Hochzeitstag umso mehr. Auch wenn die Menschen heute immer älter werden, schaffen es doch nur wenige Paare, 50 Ehejahre in bester Gesundheit miteinander zu verbringen. Ich ziehe den Hut vor dieser Leistung!

Aber ihr habt natürlich auch eine Menge dafür getan, dass ihr – ich drücke es einmal flapsig aus – es so lange miteinander ausgehalten habt. Es gab in eurer Ehe, genau wie in anderen Verbindungen, eine Menge Höhen und Tiefen, nur selten plätscherte das Leben so dahin. Dennoch habt ihr alle Krisen, Widrigkeiten und Probleme gemeistert.

Höhen und Tiefen der Ehe

Aber zum Glück überwogen doch die schönen Seiten des Lebens, und schließlich wüsste man diese nicht richtig zu schätzen, gäbe es nicht auch unangenehme und traurige Vorfälle. Zu den schönsten Erlebnissen eures gemeinsamen Lebens gehört, so habt ihr mir zumindest gesagt, die Geburt eurer Kinder, zu denen auch ich zähle. Natürlich haben wir euch, wie alle Kinder, nicht nur Freude gemacht. Aber ihr habt all unsere Entscheidungen akzeptiert. Selbst als ich es abgelehnt habe, in

Vaters Fußstapfen zu treten und das Geschäft zu übernehmen, habt ihr es hingenommen, obwohl ihr sehr enttäuscht wart. Für euer großes Verständnis möchte ich euch heute noch danken, denn sonst wäre ich nicht zu dem geworden, was ich bin.

Bewundert habe ich an euch beiden immer, dass ihr so ein harmonisches Leben geführt habt, obwohl ihr zwei doch fast den ganzen Tag aus beruflichen Gründen zusammen wart. Während Vater sich vorrangig um Einkauf und Verkauf kümmerte, warst du, Mutter, für die Buchhaltung verantwortlich. Dennoch seid ihr euch niemals auf die Nerven gegangen. Natürlich gab es Meinungsverschiedenheiten darüber, wie das Geschäft zu führen sei, doch die habt ihr meist rasch beigelegt. In Krisensituationen habt ihr immer zusammengehalten. Noch heute wundere ich mich darüber, wie ihr es geschafft habt, euren Betrieb so erfolgreich zu führen und uns dennoch nicht zu vernachlässigen. Ich weiß zwar, dass wir, als wir klein waren, häufiger zwischen den Waren herumgekrabbelt sind, weil ihr beide im Geschäft sein musstet, doch erinnere ich mich nicht daran, dass uns das jemals gestört hätte. Im Gegenteil – wir fanden es aufregend.

Als dann vor einigen Jahren die Zeit kam ans Aufhören zu denken, habe ich befürchtet, es würde euch schwer fallen, den Betrieb aufzugeben. Doch ich wurde eines Besseren belehrt. Ihr habt euer kleines Unternehmen mit gutem Gewinn und ohne Wehmut verkauft. Nun hattet ihr endlich mehr Zeit für einander und die Dinge, die ihr euch vorgenommen habt. In den ersten zwei Jahren wart ihr ziemlich oft unterwegs. Ihr seid durch die Welt gereist und habt nachgeholt, was ihr euch früher nicht erlauben konntet, weil das Geschäft immer weiter laufen musste. Nun seid ihr ein wenig zur Ruhe gekommen, aber nicht, weil euch das Reisen zuviel wurde, sondern weil ihr einfach mehr Zeit für eure Hobbys und die Familie haben wolltet. Schließlich seid ihr nun auch bereits stolze Urgroßeltern und das Aufwachsen eurer kleinen Urenkelchen wolltet ihr auf keinen Fall verpassen.

Ich bin immer wieder begeistert, wenn ich euch zwei so ansehe. Von eurem Elan und eurer Vitalität könnte sich ein Großteil der Menschen meines Alters noch eine Scheibe abschneiden. Ich habe den Eindruck, es ist die Liebe, aus der ihr jeden Tag neue Kraft zieht. Die Liebe war es auch, die bei euch die ganzen Jahre über beständig geblieben ist. Trotz aller Auseinandersetzungen habt ihr immer gewusst, dass ihr den anderen liebt, und ich bin sicher, dass euch das geholfen hat, die schlimmsten Stürme eurer Ehe zu überstehen.

Gratulation und Wünsche für die Zukunft

Und heute, an eurem Ehrentag, sind sie nun alle zusammen gekommen: die Menschen, die euch einen großen Teil eures Lebens begleitet haben. Ich bin sicher, dass ich im Namen aller spreche, wenn ich euch noch einmal von ganzem Herzen gratuliere und euch wünsche, dass ihr noch viele Jahre gemeinsam verbringen könnt. Ich hoffe, dass ihr uns alle auch weiterhin an eurem Leben teilhaben lasst. Ich möchte euch, liebe Freunde, nun bitten, mit mir gemeinsam das Glas zu erheben und auf das Glück meiner Eltern anzustoßen! Zum Wohl!

Rede einer Tochter

Anlass der Rede	*Goldene Hochzeit der Eltern*
Redezeit	*Etwa zehn Minuten*
Redestil	*Feierlich*

Meine lieben Eltern, liebe Groß- und liebe Urgroßeltern, liebe Ingeborg, lieber Felix,

Die verschiedenen Anreden

ach, es gäbe noch eine Reihe von Anreden für euch! Wenn ich diese heute, an eurem 50. Hochzeitstag, alle aufzählen würde, käme ich gar nicht mehr zu meiner eigentlichen Rede. Aber im Laufe einer Ehe, die schon ein halbes Jahrhundert dauert, erwirbt man sich eben so manchen Ehrentitel.

So ein 50. Hochzeitstag ist wirklich etwas ganz Besonderes. Das merkt man schon daran, dass ihr namentlich in der Lokalpresse genannt werdet und sogar der Bürgermeister unseres kleinen Ortes euch einen Besuch abgestattet hat. Doch das sind natürlich alles nur Äußerlichkeiten. Das eigentlich Besondere, liebe Mutter, lieber Vater, ist für mich, dass ihr euch auch nach 50 Ehejahren immer noch liebt, was man unschwer an eurem Verhalten erkennen kann. Für euch gilt – im übertragenen Sinne – das Sprichwort: „Alte Liebe rostet nicht."

Aber wie hätte eure Liebe auch Rost ansetzen können in all den Jahren? Schließlich wurde sie immer wieder gefordert. Ich denke da zum Beispiel an die leider nicht so schönen Tage, als Vater arbeitslos war, weil die Firma, in der er gearbeitet hatte, schließen musste. Da hast du, Mutter, ihn gehörig unterstützt, damit er bloß nicht den Mut verliert. Und tatsächlich: Nach kurzer Zeit fand Vater wieder eine Stelle, die ihm sogar besser gefiel als seine vorhergehende. Ein weiteres Erlebnis, bei dem euer Zusammenhalt und eure Liebe nötig war, war Mutters Autounfall, bei dem sie schwer verletzt wurde. Du, Vater, hast dich rührend um sie gekümmert und Stunde um Stunde an ihrem Krankenbett verbracht. Deine Unterstützung gab ihr die Kraft und den Lebensmut, gegen die Folgen des Autounfalls anzukämpfen. Sie erlernte sogar das Laufen wieder, obwohl die Ärzte zunächst skeptisch waren. Leider sind es oft die schweren Stunden des Lebens, in denen man feststellt, wie sehr man den Partner doch liebt. Ich denke, diese Erlebnisse haben euch noch stärker zusammengeschweißt.

Die Eltern als Vorbild

Doch nun genug von schweren Stunden. Ich möchte euch nämlich vor allem für das danken, was ihr uns, meinen Geschwistern und mir, mit auf den Lebensweg gegeben habt. Ohne euch, eure Liebe und euer Vertrauen hätten wir nicht das erreichen können, was wir geschafft haben. Außerdem wart ihr uns immer ein Vorbild. Euer Umgang miteinander hat sicherlich auch unsere Beziehungen zu unseren Partnern geprägt. Ihr habt uns vorgelebt, wie man in einer Ehe Nähe und persönliche Freiheit miteinander verbinden kann. Ich glaube kaum, dass ich es geschafft hätte, so viele Jahre mit meinem Mann zu verbringen, wenn ich mir von euch nicht einiges abgeguckt hätte. Sicher habe ich viele Fehler selbst machen müssen, dennoch habe ich in schwierigen Situationen oft überlegt, was ihr tun würdet. Danach habe ich mich dann meistens gerichtet. Indirekt habt ihr also dazu beigetragen, dass auch Freds und meine Ehe gelingt.

Danken möchte ich euch außerdem, dass ihr uns, eure Kinder, immer ermutigt habt, das zu tun, was wir für richtig hielten. Euer Motto, das ihr uns mit auf den Weg gegeben habt, war: „Bleib dir selbst treu, bei allem, was du tust." Danach habe ich mich auch in der Erziehung unserer Kinder gerichtet. Eigentlich erstaunlich, wenn man bedenkt, dass die meisten Kinder an der Erziehung ihrer Eltern einiges auszusetzen haben.

Wenn ich mich heute so umschaue und feststelle, wie viele Menschen euren Ehrentag mit euch feiern wollen, bin ich beeindruckt. Man kann daran ablesen, wie beliebt ihr seid und dass ihr nicht nur eure familiären Beziehungen, sondern auch eure Freundschaften sehr gepflegt habt. Bemerkenswert finde ich, dass sich unter euren Freunden Menschen aller Altersstufen befinden. Viele junge Leute, ich merke es ja an meinen Kindern, bringen euch mehr Vertrauen entgegen als ihren eigenen Eltern.

Wünsche für die Zukunft

Ich wünsche euch, dass ihr euch auch weiterhin euer Verständnis für andere, aber vor allen Dingen für einander bewahrt. Schließlich möchten wir euch in zehn Jahren zu eurer diamantenen Hochzeit gratulieren! Lasst uns nun alle gemeinsam auf das Wohl meiner Eltern anstoßen!

Rede einer Schwiegertochter

Anlass der Rede *Goldene Hochzeit der Schwiegereltern*
Redezeit *Etwa fünf Minuten*
Redestil *Feierlich, heiter*

Liebe Eltern,

Begründung, warum die Schwiegertochter die Rede hält

ihr wisst ja, wie ungern euer Sohn Hans spricht, zumal noch vor so großem Publikum, selbst wenn alle liebe Verwandte und Freunde sind – und wie gern ich rede. Daher habe ich auch mit größtem Vergnügen die Aufgabe übernommen, ein paar Worte zu eurem heutigen Ehrentag zu sagen.

Der Schauspieler Peter Ustinov sagte einmal: „Die größte Liebe ist immer die, die unerfüllt bleibt." Doch das kann ich ihm, wenn ich euch so ansehe, einfach nicht glauben. Ihr beiden seid seit nunmehr 50 Jahren glücklich verheiratet und ich kann mir nicht vorstellen, dass sich einer von euch jemals einen anderen Partner gewünscht hat. Euer Umgang miteinander ist so herzlich, dass sich viele Paare ein Beispiel daran nehmen können. Ich selbst habe lange Zeit versucht herauszufinden, woran es liegt, dass ihr euch nach so vielen Ehejahren noch so gut versteht. Sicher bin ich mir nicht, ob ich euer Geheimnis ergründet habe, aber ich habe mir natürlich so einige Gedanken gemacht. Korrigiert mich, wenn ich etwas Falsches sage!

Das Geheimnis einer glücklichen Ehe

Ihr, liebe Eltern, habt aus Liebe geheiratet. Die Liebe bildete sozusagen den Grundstein für eure Ehe. Doch Liebe allein genügt nicht, denn bei wie vielen Paaren verfliegt sie schon nach kurzer Zeit, wenn die Partner nichts dafür tun! Ihr zwei jedoch habt an eurer Liebe gearbeitet. Wie man das macht? Die Liebe muss genauso weiterentwickelt werden, wie sich die Partner mit den Jahren verändern. Kein Mensch bleibt ständig gleich und genauso wenig kann die Liebe gleich bleiben, denn sonst schwindet sie nach geraumer Zeit.

Aber zu einer erfolgreichen Ehe gehört auch das Vertrauen. Es bildet meiner Ansicht nach die Grundmauern einer Ehe. Hinzu kommen noch Verständnis und die Bereitschaft, auf den anderen einzugehen. Aber auch der Humor darf nicht fehlen. Und davon, liebe Eltern, habt ihr wirklich mehr als genug. Ich vermute, dass ich in meiner Aufzählung noch einige Eigenschaften vergessen habe, die auch noch zu einer guten Ehe wie der euren gehören. Doch ich glaube, ich sollte nun aufhören zu reden, denn sonst sagt Hans gleich wieder vorwurfsvoll, ich könne kein Ende finden.

Gratulation

Aber eines möchte ich jetzt natürlich noch tun: Ich gratuliere euch, liebe Eltern, zu eurer goldenen Hochzeit ganz herzlich und wünsche mir, dass es noch viele solcher Feste gibt!

Ansprache eines Enkels

Anlass der Rede	*Goldene Hochzeit der Großeltern*
Redezeit	*Fünf bis sieben Minuten*
Redestil	*Feierlich*

Liebe Oma, lieber Opa,

hoffentlich habt ihr nichts dagegen, dass ich euch noch so nenne, denn schließlich bin ich den Kinderschuhen längst entwachsen. Aber „liebe Großeltern“ würde nicht ausdrücken, was ich für euch empfinde. Und besonders zu einem solchen Anlass wie eurer goldenen Hochzeit fände ich es unangemessen, nicht zu sagen, was ich fühle.

Ihr habt es nun geschafft: Ein halbes Jahrhundert seid ihr verheiratet. Für jemanden, der so völlig eheunerfahren ist wie ich, ist dies eine unvorstellbar lange Zeit. Doch vermutlich wird es selbst den meisten hier anwesenden Ehepaaren ähnlich gehen wie mir. Über die Ehe kann und will ich daher hier nichts sagen, das könnt ihr, liebe Oma, lieber Opa, sicher viel besser als ich. Aber ich möchte mich an dieser Stelle bei euch beiden bedanken, dass ihr immer für mich da wart.

Dank an die Großeltern

Als ich klein war, waren meine Eltern ja beide berufstätig. So verbrachte ich die meiste Zeit bei euch. Ich habe mich stets sehr, sehr wohl bei euch gefühlt, wahrscheinlich, weil ihr eine Ruhe und Gelassenheit ausgestrahlt habt, die ich in meinem Elternhaus zu dem Zeitpunkt nicht fand. Sicher, meine Eltern haben sich auch um mich gekümmert, wenn sie Zeit hatten – sie waren also bestimmt keine Rabeneltern –, nur war es bei uns die meiste Zeit einfach wesentlich hektischer als bei euch. Natürlich hat Opa während der ersten Zeit, die ich bei euch war, auch noch gearbeitet, man merkte aber trotzdem, dass bei euch eine ganz andere Atmosphäre herrschte als bei uns. Wenn Opa nach Hause kam, hatte er – im Gegensatz zu meinen Eltern – seine Arbeit erledigt und war nur noch für dich, Oma, und für mich da, wenn ich bei euch war. Besonders beeindruckt war ich davon, dass Opa dich immer mit einem dicken Kuss begrüßte und liebevoll an sich drückte, wenn er heimkehrte. Bei älteren Menschen, und die wart ihr ja damals schon für mich, hatte ich so etwas noch nicht gesehen. Schon damals war eure Beziehung also etwas ganz Besonderes, wie man es nur ganz selten findet und eure Wärme und Herzlichkeit übertrug sich auch auf mich.

Kein Wunder, dass ich auch in späteren Jahren gern zu euch gekommen bin und euch meine Probleme anvertraut habe. Sogar über meine ersten Liebeleien habe ich euch berichtet. Die Tipps, die ihr mir gegeben habt, hatten auch stets Hand und Fuß. Ich hatte das Gefühl, ihr wisst, worüber ihr sprecht. Leider habe ich dennoch nicht immer auf euch gehört.

Wünsche für die Zukunft

Heute gebt ihr mit eurer goldenen Hochzeit einen weiteren Beweis dafür, dass ihr euch mit der Liebe auskennt. Ich wünsche euch beiden, dass ihr noch viel Zeit miteinander verbringen könnt und noch möglichst lange so gesund bleibt wie am heutigen Tag. Dann habe ich aber noch eine ganz eigennützige Bitte an euch: Ich hoffe, dass ich weiterhin mit meinen Problemen zu euch kommen kann und ihr mich auch in Zukunft mit euren Tipps versorgt. Nach dem heutigen Tag werde ich noch viel eher auf eure Ratschläge hören, als ich das bisher getan habe. Ich danke euch!

Ein Freund des Ehepaares spricht

Anlass der Rede	*Goldene Hochzeit von Freunden*
Redezeit	*Fünf bis sieben Minuten*
Redestil	*Feierlich, fröhlich*

Liebe Doris, lieber Alexander!

Zitat zur Liebe

„Das große Glück in der Liebe besteht darin, Ruhe in einem anderen Herzen zu finden.“ Dieser Satz, auch wenn er nicht von mir, sondern von der französischen Schriftstellerin Julie de Lespinasse stammt, trifft ohne Zweifel auf euch zu. In den 50 Jahren, die ihr nun verheiratet seid, habt ihr euren Frieden im anderen gefunden. Dazu beglückwünsche ich euch von ganzem Herzen.

Ruhe oder Frieden im anderen zu finden, heißt natürlich nicht, dass die Partnerschaft langweilig ist – das ganz bestimmt nicht. Es bedeutet, zu wissen, zu wem man gehört, und sicher zu sein, dem anderen vollkommen vertrauen zu können. Aus dieser Sicherheit kann jeder der Partner Kraft für die anderen

Dinge und Situationen im Leben schöpfen. Man muss sich nicht in langwierigen Diskussionen oder Disputen mit dem anderen verausgaben.

Um diese Ruhe im anderen Herzen zu finden, benötigt man in der Regel Zeit. Davon hattet ihr, liebe Doris, lieber Alexander, in den letzten 50 Jahren reichlich zur Verfügung. Auch ihr habt sicherlich einige Jahre benötigt, um all eure Streitigkeiten beizulegen und euch zusammenzuraufen. Dabei ist bestimmt eine Menge Energie verloren gegangen, die ihr ebenso gut für andere Dinge hättet nutzen können. Aber schließlich muss auch in einer Ehe jeder der Partner sein Terrain abstecken und seine Position dem anderen klar machen. Ich denke, das habt ihr sehr gut geschafft. Keiner von euch fühlt sich dem anderen unter- oder überlegen – ihr führt eine Partnerschaft im besten Sinne des Wortes.

Das Zitat wird auf das Leben des Ehepaares bezogen

Um es noch einmal ganz deutlich zu sagen: Langweilig ist es bei euch nie geworden. Und ich kenne euch nun bereits geraume Zeit, um das beurteilen zu können. Bei euch war immer etwas los. Schließlich habt ihr drei Kinder, vier Enkel und mittlerweile auch zwei Urenkel. Alle – mit Ausnahme der Urenkel, die noch zu klein sind – kommen in schwierigen Situationen zu euch, um euch um Rat und Hilfe zu bitten. Genauso eure zahlreichen Freunde, die bei euch stets einen gedeckten Tisch und ein offenes Ohr vorfinden. Auch ich habe euch häufig genug aufgesucht. Für euer Verständnis und eure Ratschläge kann ich mich gar nicht genug bedanken.

Aber ihr seid zum Glück nicht nur Anlaufstation für die Sorgenvollen – das könnte auf Dauer ja keiner aushalten! Ihr habt solch ein gastliches Haus, dass wir, eure Freunde, häufiger unangemeldet bei euch hereinschneien. So manches abendliches Plauderstündchen dehnte sich schon bis in die frühen Morgenstunden aus. Kein Wunder, dass ihr auch auf jeder Feier gern gesehene Gäste seid, denn durch euren Humor und eure Wärme wird ein Fest garantiert zum Erfolg. Um uns bei euch zumindest ein wenig zu revanchieren, wollen wir euch heute, an

Ausdruck der Freude, mit dem Paar befreundet zu sein

eurem Ehrentag, eine Feier bereiten, an die ihr noch lange gerne zurückdenkt. Im Namen all eurer Freunde wünsche ich euch noch viele weitere schöne gemeinsame Jahre. Ich bin stolz, mit euch befreundet zu sein.

Das Ehepaar bedankt sich

Anlass der Rede	*Eigene goldene Hochzeit*
Redezeit	*Etwa fünf Minuten*
Redestil	*Feierlich*

Liebe Familie, liebe Freunde,

Dank an die Anwesenden

nach all den schönen Reden und den vielen Glückwünschen zu unserer goldenen Hochzeit ist es nun an der Zeit, dass wir uns bei euch bedanken. Es freut uns sehr, dass ihr alle heute hierher gekommen seid, um gemeinsam mit uns zu feiern. Allerdings haben wir nicht damit gerechnet, dass ihr euch soviel einfallen lasst, um uns eine Freude zu machen. Ihr habt uns im besten Sinne überrascht. Ihnen, lieber Herr Bürgermeister, danke ich ganz besonders, dass Sie sich bei all Ihren Terminen die Mühe gemacht haben, uns am heutigen Tag aufzusuchen, um uns zu gratulieren.

Erinnerung an den Hochzeitstag

Ich kann mir übrigens noch gar nicht so recht vorstellen, dass wir heute wirklich seit 50 Jahren verheiratet sind. Die Ereignisse unseres Hochzeitstags sind mir noch so im Gedächtnis, als wäre es gestern gewesen. Aber das ist vermutlich verständlich: Einen der wichtigsten Tage im eigenen Leben vergisst man so schnell nicht. Besonders freue ich mich darüber, dass ich heute noch so manches Gesicht sehe, das bereits bei unserer Trauung zugegen war. Zwar sind wir alle einige Jahre älter geworden, doch ich bin froh, dass wir diese Jahre weitgehend gesund überstanden haben. Schließlich ist das keine Selbstverständlichkeit. Eine Selbstverständlichkeit ist es ebenfalls nicht, dass man den Menschen von damals diese ganzen Jahre über verbunden bleibt.

Ihr alle, liebe Familie, liebe Freunde, habt uns sehr dabei geholfen, dass wir unser 50. Hochzeitsjubiläum feiern können. Ihr habt uns in den schweren Momenten unserer Ehe beigestanden und euch mit uns in den vielen glücklichen Stunden gefreut. Es ist schön, solche Freunde, zu denen ich im übrigen auch alle Familienangehörigen zähle, zu haben. Darum lasst uns den heutigen Tag auch ausgiebig feiern, denn wer weiß, wann wir wieder Gelegenheit haben, in dieser Zusammensetzung zusammenzukommen. Erhebt mit mir nun das Glas, um auf die Liebe und die Freundschaft anzustoßen, die zu den wichtigsten Dingen im Leben jedes Menschen zählen. Zum Wohl!

Trinkspruch

Weitere Ehejubiläen

Während die diamantene Hochzeit in allen Teilen Deutschlands am 60. Hochzeitstag eines Ehepaares gefeiert wird, gibt es regionale Unterschiede, zu welchem Zeitpunkt die eiserne Hochzeit begangen wird. In manchen Landstrichen wird sie am 65. Hochzeitstag gefeiert, in anderen erst am 70. oder gar erst am 75. Hochzeitstag. In der übernächsten Rede wird von einer eisernen Hochzeit ausgegangen, die am 65. Hochzeitstag stattfindet. In den meisten Landstrichen wird am 70. Hochzeitstag die Gnadenhochzeit gefeiert.

Rede eines Kindes

Anlass der Rede	*Diamantene Hochzeit der Eltern*
Redezeit	*Fünf bis sieben Minuten*
Redestil	*Feierlich, rückblickend*

Liebe Mutter, lieber Vater,

Gratulation zu einem ganz besonderen Tag

ihr beiden feiert heute ein Ehejubiläum, wie es nur ganz selten vorkommt. Nur wenigen Ehepaaren ist es vergönnt, bei guter Gesundheit die diamantene Hochzeit zu erleben. Natürlich haben wir, die Familienangehörigen, es uns nicht nehmen lassen, an diesem Tag bei euch zu sein. Auch eine ganze Reihe von Freunden ist vertreten, um euch zu eurem Ehrentag zu gratulieren.

Heute vor 60 Jahren habt ihr geheiratet. Ihr habt es wahrlich nicht immer leicht gehabt. Im Krieg musste Vater an die

Rückblick auf das Leben des Ehepaares

Front. Seine junge Ehefrau blieb allein zu Haus zurück. Das waren schwere Jahre, über die ihr nur ungern geredet habt. Schließlich musste Mutter ganz allein ein Kind versorgen – und zwar mich. Als du, Vater, endlich wieder daheim warst, war das Leben für euch auch nicht viel leichter. Das Essen war knapp und alles lag in Trümmern. Doch ihr habt es geschafft, euch und die mittlerweile drei Kinder über die Runden zu bringen. Ich hatte jedenfalls nie das Gefühl irgendetwas zu vermissen. Ihr habt durch Liebe wettgemacht, was uns zum Leben fehlte.

Doch auf die mageren folgten zum Glück auch fettere Jahre. Während des Wirtschaftswunders hatte Vater ein gutes Auskommen, so dass ihr sogar ein kleines Häuschen bauen konntet. So ging alles seinen Gang – nach und nach verließen wir, eure Kinder, das Elternhaus und gründeten unsere eigenen Familien. Wir blieben jedoch alle stets in Verbindung und ihr wart uns immer eine große Stütze, wenn nicht alles so lief wie geplant. Wenn einer aus der Familie Probleme hatte, hieß es: „Geh am besten zu Mutter und Vater. Die wissen sicher, was du tun sollst.“ So wart ihr immer der Mittelpunkt der gesamten Familie. Ich hoffe, wir konnten euch auch ein wenig von der Liebe zurückgeben, die ihr uns immer geschenkt habt. Ich fürchte jedoch, dass ihr meist etwas zu kurz gekommen seid. Doch das habt ihr uns nicht vorgeworfen, im Gegenteil: Ihr habt deutlich gemacht, dass ihr gern für uns da seid.

Gute Wünsche für weitere gemeinsame Jahre

Heute blickt ihr auf ein sehr erfülltes Leben zurück. Ihr seid sechsfache Großeltern und habt mittlerweile vier Urgroßenkel. Zudem geht es euch gesundheitlich so gut, dass ihr noch immer euren eigenen Haushalt im selben kleinen Haus führen könnt, das ihr nach dem Krieg erstanden habt. Noch immer seid ihr der Mittelpunkt der Familie und selbst die kleinsten Urenkelchen freuen sich sehr, wenn es zur Omi und zum Opi geht. Das Beste aber ist, dass ihr beiden euch auch nach 60 Jahren Ehe noch liebt. Ein so glückliches Ehepaar in eurem Alter sieht man wirklich selten. Ich wünsche euch, liebe Mutter, lieber Vater, dass ihr noch viele weitere gemeinsame Jahre verlebt und weiterhin so glücklich seid wie bisher. Darauf wollen wir nun alle, die gesamte Familie und alle Freunde, mit euch anstoßen. Auf euer Wohl!

Rede eines Freundes

Anlass der Rede	*Eiserne Hochzeit eines befreundeten Ehepaares*
Redezeit	*Fünf bis sieben Minuten*
Redestil	*Feierlich*

Liebe Margarethe, lieber Paul,

Zitat zur Liebe

zu eurer eisernen Hochzeit möchte ich euch mit einem Wort von Johann Wolfgang von Goethe gratulieren. Der große deutsche Dichter schrieb einst: „Das ist die wahre Liebe, die immer und immer gleichbleibt, wenn man ihr alles gewährt, wenn man ihr alles versagt." Eure Liebe ist nun bereits seit 65 Jahren gleichgeblieben. Dies ist eine Leistung, und zwar eure Leistung, die ihresgleichen sucht.

Ihr blickt auf ein erfülltes Leben zurück, obwohl ihr es wirklich nicht immer leicht hattet. Doch gemeinsam habt ihr alle gefährlichen Klippen umschifft und alle Stürme des Lebens überstanden. Ich kann mir vorstellen, dass viele der hier Anwesenden erpicht darauf sind, das Erfolgsrezept für eure Ehe zu erfahren. Schließlich gilt, um mit dem Schauspieler Danny Kaye zu sprechen, eine Ehe heute schon als glücklich, wenn man dreimal die Scheidung verschiebt.

Rückblick auf die Ehe

Ich glaube, eure Ehe hat unter anderem deshalb so lange gehalten, weil ihr stets freundschaftlich miteinander umgegangen seid und den Partner immer geachtet habt. Außerdem war euch bewußt, was ihr aneinander habt: einen Partner, der zu dem anderen in guten wie in schlechten Zeiten hält, wie es so ähnlich auch in der Trauungsformel heißt.

Natürlich wird es auch in eurem Leben Momente gegeben haben, in denen ihr euch gefragt habt, ob es gut war, den anderen zu heiraten. Doch ihr seid immer wieder zu dem Schluss gekommen, die richtige Entscheidung getroffen zu haben. Somit hatten auch solche Krisen ihr Gutes: Eure Partnerschaft konnte an diesen schwierigen Situationen wachsen.

Heute nun sitzt ihr hier im Kreis eurer Familie und eurer Freunde. Wenn ihr euch so umseht, müsstet ihr eigentlich sehr stolz sein. Aus euren Kindern, von denen einige schon kurz vor der Pensionierung stehen, ist etwas geworden. Eure Enkel sind wohlgelungen und eure Urenkel sind auf dem besten Weg ihr Leben selbst in die Hand zu nehmen. Ist es nicht schön zu sehen, welche Früchte euer privates Lebenswerk trägt? Ist es nicht schön, dass ihr das alles bei guter Gesundheit miterleben dürft? Nur wenigen ist es vergönnt, mit dem Partner auf 65 Jahre gemeinsames Leben zurückschauen zu können und sich an den Resultaten zu erfreuen.

Wünsche für das Paar

Doch selbstverständlich wollen wir heute nicht nur zurückblicken, sondern auch vorausschauen. Ihr habt – so hoffen wir alle – schließlich noch einige Jahre vor euch, um euch am Leben und vor allem aneinander zu erfreuen. Ich wünsche euch, dass ihr auch weiterhin so gesund und fröhlich bleibt wie bisher, denn wie sagte der große Philosoph Arthur Schopenhauer schon: „Überhaupt aber beruhen neun Zehntel unseres Glückes allein auf der Gesundheit. Mit ihr wird alles eine Quelle des Genusses, hingegen ist ohne sie kein äußeres Gut, welcher Art es auch sei, genießbar.“ Lasst uns nun alle auf Margarethe und Paul anstoßen und dass wir mit ihnen in fünf Jahren ihre Gnadenhochzeit feiern können. Auf euch!

Zitate und Bonmots zu Liebe, Hochzeit und Ehe

Die Ehe ist der Versuch zu zweit mit den Problemen fertig zu werden, die man alleine niemals gehabt hätte.

Woody Allen, amerikanischer Schauspieler und Regisseur

Seine Freude in der Freude des anderen finden können, das ist das Geheimnis des Glücks.

Georges Bernanos, französischer Dichter

Liebe ist der Wunsch etwas zu geben, nicht zu erhalten.

Bertolt Brecht, deutscher Schriftsteller

Der Mensch wird am Du zum Ich.

Martin Buber, jüdischer Religionsforscher

Liebe ist kein Solo. Liebe ist ein Duett. Schwindet sie bei einem, verstummt das Lied.

Adalbert von Chamisso, deutscher Schriftsteller

Alter schützt vor Liebe nicht, aber Liebe vor dem Altern.

Coco Chanel, französische Modeschöpferin

Einen Menschen lieben, heißt ihn so zu sehen, wie Gott ihn gemeint hat.

Fjodor M. Dostojewski, russischer Dichter

Das ist die wahre Liebe, die immer und immer sich gleichbleibt, wenn man ihr alles gewährt, wenn man ihr alles versagt.

Johann Wolfgang von Goethe, deutscher Dichter

Glücklich allein ist die Seele, die liebt.
Johann Wolfgang von Goethe, deutscher Dichter

Liebe hat nichts damit zu tun, was man bekommen möchte – sondern nur mit dem, was man selbst geben will.
Katherine Hepburn, amerikanische Schauspielerin

Richtig verheiratet ist der Mann, der jedes Wort versteht, das seine Frau nicht gesagt hat.
Alfred Hitchcock, britischer Regisseur

Liebe ist das einzige, was nicht weniger wird, wenn wir es verschwenden.
Ricarda Huch, deutsche Schriftstellerin

Zehn Küsse werden leichter vergessen als ein Kuss.
Jean Paul, deutscher Schriftsteller

Die zweite Ehe ist der Triumph der Hoffnung über die Erfahrung.
Samuel Johnson, britischer Schriftsteller

Der Verstand kann uns sagen, was wir unterlassen sollen. Aber das Herz kann uns sagen, was wir tun müssen.
Joseph Joubert, französischer Schriftsteller

Liebe ist ganz aus Freiheit gemacht, kein Muss richtet da etwas aus.
Hans Kasper, deutscher Schriftsteller

Heute ist eine Ehe schon glücklich, wenn man dreimal die Scheidung verschiebt.
Danny Kaye, amerikanischer Schauspieler

Das große Glück in der Liebe besteht darin, Ruhe in einem anderen Herzen zu finden.

Julie de Lespinasse, französische Schriftstellerin

Eine Frau ist der beste Gefährte fürs Leben.

Martin Luther, deutscher Reformator

Die Ehe ist ein Bauwerk, das jeden Tag neu errichtet werden muss.

André Maurois, französischer Schriftsteller

Glück kann man nur festhalten, indem man es weitergibt.

Werner Mitsch, deutscher Aphoristiker

Ein heiteres Ehepaar ist das Beste, was sich in der Liebe erreichen lässt.

Thomas Niederreuther, deutscher Schriftsteller

Liebe ist ein Glas, das zerbricht, wenn man es zu unsicher oder zu fest anfasst.

Russisches Sprichwort

Dem Glücklichen schlägt keine Stunde.

Friedrich von Schiller, deutscher Dichter

Das Glück ist das einzige, was sich verdoppelt, wenn man es teilt.

Albert Schweitzer, elsässischer Arzt

Drum binde sich, wer nicht ewig prüfen will.

Gerd Uhlenbruck, deutscher Biologe

Im Traum und in der Liebe erscheint einem alles möglich.

Ungarisches Sprichwort

Die größte Liebe ist immer die, die unerfüllt bleibt.
Peter Ustinov, britischer Schauspieler, Schriftsteller und Regisseur

Männer brauchen Frauen um sich, sonst verfallen sie unaufhaltsam der Barbarei.
Orson Welles, amerikanischer Schauspieler und Regisseur

Das Höchste, was Menschen einander zu geben vermögen, ist: ein Anlass zu Liebe und Ehrfurcht
Hans Urs von Balthasar, Schweizer katholischer Theologe

Vertrauen ist Mut und Treue ist Kraft.
Marie von Ebner-Eschenbach, österreichische Erzählerin

Nicht wer viel besitzt, ist reich, sondern wer viel gibt.
Erich Fromm, amerikanischer Psychoanalytiker deutscher Herkunft

Es macht Liebenden nichts aus, durch Länder und Meere getrennt zu sein: Unerträglich ist für sie nur eine Wand oder eine Zimmertür.
Sigmund Graff, deutscher Schriftsteller

Es gibt vielleicht auf der ganzen Welt kein anderes Mittel ein Ding oder Wesen schön zu machen, als es zu lieben.
Robert Musil, österreichischer Schriftsteller

Mutter und Kind

FALKEN Taschenbuch

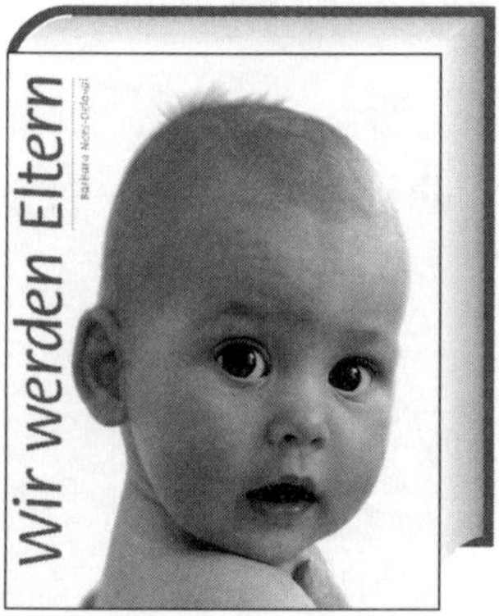

Wir werden Eltern
Von B. Nees-Delaval – 416 S., gebunden
ISBN: 3-8068-**7353**-4
Preis: DM 39,90

Von der Familienplanung bis zum Schulbeginn reicht die Themenpalette dieser Ratgeberreihe für Eltern und solche, die es werden wollen. Schwerpunkte sind Schwangerschaft und Geburt, Pflege, Entwicklung und Erziehung.

Weitere FALKEN ElternRatgeber:

1254-3	Ich bekomme ein Baby
2152-6	Gesunde Ernährung für Schwangere
2153-4	Mein Kind schläft durch
2154-2	Liebe geben, Grenzen setzen
0531-8	Das Babybuch
1999-8	Stillen
2055-4	Babyfitness
1612-3	Mein Baby entdeckt die Welt
4953-6	Was Dein Kind Dir sagen will
7358-5	Schön in der Schwangerschaft
2053-8	Babypflege
7316-X	Wenn Kinder krank werden
2054-6	Gesunde Ernährung für Babies
2151-8	Allergien bei Kindern
2155-0	Vornamen mit Tradition
7380-1	Das große FALKEN Babybuch
2114-3	Homöopathie für Kinder
1873-8	Babyschwimmen
7417-4	Willkommen mein Baby

Die schönsten Vornamen
Von A. F. W. Weigel – 144 S., kartoniert
ISBN: 3-635-**60372**-4
Preis: DM 14,90

Der Ratgeber hilft Ihnen bei der Auswahl der schönsten Namen für Ihr Baby und gibt Tipps, worauf bei der Namenswahl zu achten ist. Außerdem erhalten Sie Informationen über Ursprung und Bedeutung der Namen sowie fremdsprachige Namensformen.

Die Kunst des Stillens
Von Prof. Dr. med. E. Schmidt, S. Brunn – 110 S., kartoniert
ISBN: 3-635-**60084**-9
Preis: DM 14,90

Durch Stillen können Sie Ihr Kind gesund und natürlich ernähren. Dieser kompetente Ratgeber gibt praktische Anleitungen und Gesundheitstipps für werdende und bereits stillende Mütter.

Rückbildungsgymnastik
Von H. Höfler – 112 S., kartoniert
ISBN: 3-635-**60062**-8
Preis: DM 12,90

Was geschieht im Körper der Mütter in den ersten Wochen nach der Geburt? Dieses Buch gibt Antwort auf diese Frage und das abwechslungsreiche Übungsprogramm zeigt, wie jede Frau durch eine gezielte Gymnastik die Rückbildungsprozesse ihres Körpers fördern kann.